나쁜 생각

KB104503

논리적이며 비판적인 사고를 위한 안내서

나쁜생각

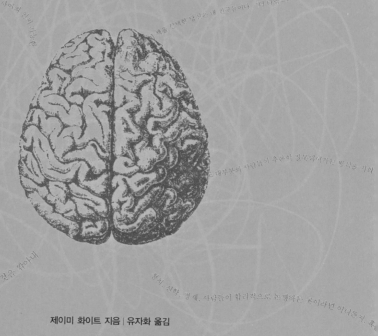

제이미 화이트 지음 | 유자화 옮김

오늘의책

이 책을 선택해준
독자에게 감사하며

———

　　　　　모든 자기계발서는 고백으로 시작해야 한다. 먼저 고백하자면, 나는 편집자에게 "런던 하이버리에서 분노한 사람이"라는 식으로 편지를 썼다. 그랬었다. 하지만 점차 나아지고 있다. 이제 그런 편지를 자주 보내지 않고, 때로는 아예 쓰지 않는다. 만약 심리치료를 받고 있었다면 치료사는 나의 호전에 흡족해했을 것이다.

　하지만 나의 성격이 근본적으로 바뀐 것은 아니라는 사실도 고백해야 할 것이다. 나는 여전히 그런 편지를 쓰고 싶다. 나를 화나게 하는 문제가 적어도 〈타임스〉 편집자에게는 관심거리가 아닌 것 같다. 점점 더 멀어지는 내 친구들에게도 마찬가지다. 친구들은 내 우려를 아니, 덜 관대한 친구들의 표현대로 내 '호통'을 들으면서 하품을 하고 집어치우라는 듯한 눈초리를 보낸다.

　나를 이토록 불편하게 만드는 것은 무엇일까?

추론상의 오류, 그릇된 논법, 뒤죽박죽인 생각. 뭐라고 불러도 좋다. 내가 어떤 것을 말하고 있는지 당신은 알 것이다.

《나쁜 생각》이라는 이 책을 선택한 당신은 내 친구들이나 〈타임스〉의 편집자보다 나에게 더 공감할 것이다. 공감이 필요하다. 지금의 세상은 논리적 오류를 접하면 고민하는 우리 같은 이에게는 유해한 환경이다. 사람들의 추론은 더 나빠질 수 없으리만치 엉망이 되었지만, 지금 사람들이 자기가 얼마나 형편없는지를 자랑할 기회는 더 많다. 우리의 고통에 신경 쓰는 사람이 있다면, 〈질문 시간〉 같은 라디오와 텔레비전의 시청자 응답 프로그램은 검열될 것이다. 심지어 지금은 어떤 극심한 고통도 괜찮다는 듯 의회마저도 생방송된다.

왜 우리 항의자들은 이렇게 외로운가? 결함이 있는 생각에 의해 고통받는 우리 소비자들은 왜 세탁기에서 물이 샌다거나 자동차의 시동이 걸리지 않는다고 불평하듯, 공급자와 이런 불만을 들어야 할 그 밖의 누군가에게 불평하지 않을까?

한마디로 대답하자면 대부분의 사람들이 문제가 뭔지 알아채지 못하기 때문이다. 자동차가 고장나면 어떤 원리로 움직이는지 전혀 모르는 사람이라도 그 사실을 알아챈다. 추론은 다르다. 추론이 어떻게 잘못되었는지 모르면, 오류를 알 수 없다. 대화가 멈추지도 않고, 귀에서 증기가 뿜어져 나오지도 않으며, 눈이 붉게 충혈되지도 않는다. 아마 언젠가는 논리적 오류가 나타나면 경고음이 울리는 장치가 발명되어 정치가, 저널리스트, 사업가가 그 기계 없이는 연설하지 못하게 될지도 모른다. 그러나 그런 행복한 날이 올 때까지 우리는 스스로 추론상의 오류를 찾아내야 한다.

안타깝게도 대부분의 사람들이 추론이 잘못되어가는 방식을 모른다. 학교와 대학교는 학생의 머리에 질소 주기, 제2차 세계대전의 원인, 약강오보격弱强五步格, 삼각법 같은 귀중한 정보를 채워주지만, 논리상의 기본적 오류조차 파악하지 못하는 무능력자로 졸업시킨다. 이것이 표나 돈, 헌신 같은 것을 원하는 이들의 허위 추론에 저항하지 못하고 잘 속아 넘어가는 사람들로 만들어버린다.

대신에 많은 사람들이 권력이나 영향력을 가진 이가 말하는 모든 것을 깎아내리면서 냉소로 자신을 방어한다. 그러나 냉소는 빈약한 방어다. 왜냐하면 추론이 옳은지 그른지 구별하는 데 도움이 되지 않기 때문이다. 아무것도 믿지 않는 것은 모든 것을 믿는 것만큼이나 어리석다. 냉소는 우매함과 마찬가지로 비판력이 덜 발달했음을 보여주는 징후다.

이 책의 목표는 교육제도가 남겨놓은 간극을 메우는 데 일조하려는 것이다. 그러나 이 책은 교과서가 아니다. 자동차나 컴퓨터의 매뉴얼에 쓰인 문제 해결 지침을 논리에서도 마찬가지로 알려주려는 것이다. 이 책은 추론의 일상적인 사용자와 소비자, 즉 모든 사람을 대상으로 삼으며, 특히 논란이 되는 주제를 토론하거나 논쟁할 때 흔히 접하는 추론상의 오류를 다룬다.

추론이 잘못되었음을 알기란 어렵지 않다. 하지만 그것을 일상생활에서 찾아내기란 어렵다. 따라서 여기서는 가능하면 예를 들어 논의했다. 일부는 지어낸 것이지만 당신이 경험했던 실제의 경우를 어렵지 않게 떠올리게 할 것이다. 그렇지만 많은 예들은 정치, 신학, 경제, 사람들이 합리적으로 논쟁하는 곳이라면 어디든지, 혹은 오류가 통하는 데서 나온 실제 예다.

차례

**1
장**

당신은 자기 의견을
가질 권리가 없다

—

애매어의 오류

"당신의 권리를 알라!"

우리가 온갖 분야의 선한 사람들에게서 듣는 조언이다. 내가 대학생일 때 운동가들은 경찰의 폭력으로부터 자신을 보호할 권리에 대해 알아야 한다고 충고했다. 그러나 일어날 줄 알았던 폭력 상황은 전혀 일어나지 않아서 그 권리를 충실하게 익힌 나는 맥이 빠졌다. 요즘에는 보조금을 비롯해 다양한 정부 지원을 받을 권리가 나에게도 있을지 모른다고 믿게 만드는 팸플릿을 종종 받는다. 그러나 문의해서 얻는 수확이라고는 언제나 내가 자격 미달이라는 답변뿐이다. 내 권리에는 언제나 저가 항공권처럼 조건이 따라붙고, 권리를 찾고자 하는 나는 크리스마스에 시드니로 여행가고 싶은 사람 꼴이 되고 만다.

권리를 아는 데 대한 혜택이 이토록 형편없다고 해서 의기소침

할 필요는 없다. 권리를 알아두면 보통은 유용하고 무얼 하든 훨씬 낫다. 예로 밤에 편안히 잘 권리가 있음을 아는 영국 시민은 얼마나 될까? 그렇다. 법에 수면권[1]이 보장되어 있다. (영국 시민인) 나는 딸이 태어나고 얼마 지나지 않아 마침내 아기로서 본분을 다하기 시작했을 때 딸에게 법적 조치를 취해야 할지 심각히 고려했다.

한편으로 자기 권리를 아는 것은 당신이 가지고 있다고 생각했지만 실제로는 가지지 못한 권리에 대해 깨닫는 일이기도 하다. 이것을 아는 일 또한 유용하다. 일례로 다른 사람에게 해를 입히지 않는다면 자기 몸을 마음대로 할 권리가 있다고 믿는다면 그 착각이 결국 당신을 약물 오·남용이나 폭행죄[2]로 감옥에 보낼 수도 있다는 말이다.

이런 까닭에 지금부터 당신이 실제로는 가지고 있지 않은 또 다른 권리, 즉 '자기 의견을 가질 권리'가 있다고 믿지 않도록 설득하고자 한다.

어쩌면 당신은 이런 권리가 있다고 믿지 않을지도 모른다. 그렇다면 내가 주제넘게 군 걸 사과한다. 하지만 그렇다면 당신은 내가 처음 만난 자기 의견을 가질 권리를 믿지 않는 사람이다. "당신은

---

1 2001년 10월 유럽인권재판소에서 수면권을 인정했다. 재판소는 영국 런던 히드로 공항 주변, 비행기가 지나는 곳에 사는 사람들이 이른 새벽 비행기 소리로 수면권을 침해당하고 있다는 주장에 손을 들어주었다.
2 1990년 12월 쾌락을 위해 자진해 서로의 성기를 절단한 남자들이 폭행죄를 비롯한 여러 혐의로 기소당했다.

자기 의견을 가질 권리가 있다"는 슬로건은 귀가 닳도록 들려서 현대 서구인의 머리로는 받아들이지 않기가 거의 불가능할 지경이다.

그러나 보편적인 동의를 얻는 생각이 반드시 옳은 견해가 아니듯 이는 사실이 아니다. 당신은 자기 의견을 가질 수 없다. 당신의 의견을 가질 수 있다는 생각은 거짓일 뿐 아니라, 설사 사실이라고 해도 항상 당신과 무관한 일에 행사된다.

부시는 석유를 훔치려고 전쟁을 일으켰나

상투적인 이 말이 거짓임을 입증하기 전에 먼저 논의나 논쟁에 흔히 이용하는 이 말이 실은 오류에 해당한다는 것부터 명확히 하자. 이 말은 종종 어떤 주장을 하기에 앞서 "물론, 당신은 자기 의견을 가질 수 있다. 그러나…"라고 인정하면서 우선 서두를 떼는 데 쓰인다. 그러나 먼저 인정하는 것이 선수를 치려는 의도라면 이 말의 더 기본적인 용도는 수용이 아니라 방어다.

예를 들어보자. 잭은 부시 전 미국 대통령이 이라크를 침공한 이유가 석유를 훔치기 위해서였다는 의견을 내놓았으나 친구 질은 동의하지 않았다. 질은 잭의 의견이 옳지 않은 이유를 몇 가지 댔고, 잭은 몇 번의 성과 없는 반격을 시도한 끝에 벌컥 화를 내면서 자기도 의견을 가질 권리가 있다고 되받아쳤다. 이런 식의 반격이 질의 반론에 마땅한 응수가 되리라는 잭의 가정에는 오류가 있고 실제로 이런 반응은 전혀 엉뚱하다.

잭과 질은 부시가 이라크를 침공한 동기에 관해 서로 다른 의견을 가졌고 질은 잭이 잘못 안다고 생각하는 이유를 제시했을 뿐이다. 질은 잭이 이런 잘못된 견해를 가질 권리가 없다고 주장한 것이 아니다. 잭은 자신도 의견을 가질 권리가 있다는 사실을 지적함으로써 결국 이라크 침공 이유라는 원래 주제에서 그의 권리에 대한 논의로 간단히 주제를 바꿔버렸다. 이라크 침공이라는 주제에 도움이 되려면, 잭은 차라리 고래가 온혈동물이라거나 스페인에는 주로 평원지대에 비가 내린다는 사실을 드는 것이 나았을 뻔했다.

대부분의 오류가 그렇듯 이것은 한눈에 봐도 명백하다. 간단히 알기 쉽게 이야기해보자. 우리가 권리를 가진다는 의견이 결코 거짓이 아니라고 하더라도 이 권리가 논쟁을 해결하는 데 도움이 될 리 없다. 원래의 문제에 새로운 정보를 더하지도 논쟁 중인 의견의 시비를 가려주지도 않기 때문이다.

언제나 가져다 붙이는 상투어, 즉 우리는 모두 의견을 가질 권리가 있다는 주장에는 두 가지 문제가 있다. 첫째, 이 말은 터무니없다. 둘째, 의견에 대한 권리가 있다는 주장과 논쟁에서 누가 옳으냐를 결정하는 것은 별개의 문제다. 만일 잭이 자신의 의견이 참일 권리를 가진다면 당연히 질 역시 같은 권리를 가진다. 하지만 잭과 질이 서로 다른 의견을 가지므로 둘 중 하나는 권리를 침해당한다. 두 사람 중 하나는 잘못된 믿음을 가진 것이다. 따라서 설령 우리의 생각이 참이라고 믿을 권리가 있다 해도 의견이 사실상 거짓일 경우에는 그 권리가 언제나 침해당하고 만다는 것을 보여줄 뿐이다. 어떤 논쟁에서든 자신의 생각이 옳다고 믿을 권리를 침해당한 것이 어느 편인지 알기 위해서는 먼저 누구의 생각이 허위인지부터 밝혀야 한다. 다시 말해 원래의 논쟁을 해결해야 한다. 잭과 질의 경우에는 부시 전 대통령이 이라크를 침공한 이유를 밝혀야 한다. 권리 문제로 주의를 돌리는 것은 이 문제에 대한 답을 얻는 데 전혀 도움이 되지 않는다.

따라서 어떤 의견에 대한 권리가 있다는 설명은 상대방을 꼼짝 못하게 할 만큼 강력하더라도 우리가 논쟁하는 어떤 문제와도 전혀 무관하다. 그렇다면 왜 어떤 의견에 대한 권리를 주장하는 것이 논쟁의 책략으로 그렇게 자주 이용되는가?

이것은 부분적으로는 권리 부여란 말의 모호성 때문이다. 아무리 근거가 없는 의견이더라도 주장할 권리가 있다는 말은 정치적 혹은 법률적 해석을 내포한다. 그러나 한편으로 진리나 지식에 관한 것이 아니라면 그와 관련된 인식론적 해석도 포함한다. 인식론적 면에서 보면 우리는 의견을 고수할 합당한 이유가 있을 때, 즉 근거나 합당한 논증 등이 있을 때에만 그 의견을 가질 권리가 있다. 이런 인식론적인 권리야말로 보편적인 것과는 아주 거리가 먼, 우리가 획득한 권리다. 이것은 자랑할 만한 일이 있어야 자랑할 권리가 생기는 것과 마찬가지다.

이처럼 권리의 두 가지 측면은 완전히 별개임에도 두 의미를 뒤섞어 생각하는 것은 굉장히 그럴싸해 보이며, 이때 함축된 논리는 다음과 같다.

1. 어떤 의견에 대한 권리를 가진다는 의미는 그 의견의 근거가 잘 뒷받침된다는 것이다. (이것이 바로 어떤 의견에 대한 권리를 가진다는 말이 정확하게 의미하는 바다.)

2. (민주주의 사회에 살고 있다면 모두 그렇듯이) 나는 내 의견을 가질 권리가 있다.

3. 따라서 내 의견은 근거가 잘 뒷받침된다.

이것은 애매어의 오류 fallacy of equivocation에 딱 들어맞는 예다.

논쟁에서는 한 가지 말이 내내 같은 의미로 쓰여야 타당하지만 여러 가지 다른 의미를 왔다 갔다 하고 있다. (8장에서 좀더 자세히 논의하겠다.)

앞에서 지적했듯이 권리의 인식론적 생각을 정치적인 생각으로 혼동하는 것이 잘못임을 알아채기란 쉽다. 엄밀히 말해 이것이 이 책의 목적이므로 좀 더 논의를 진행시키겠다. 습관처럼 사용하는 "자기 의견을 가질 권리가 있다"는 말이 앞에서 이야기한 그대로 완전히 터무니없는 방식으로 쓰이지 않는다고 해도 이런 정신 자세는 사고의 자유로운 흐름과 정확한 판단에 크게 방해가 된다. 대다수의 사람들은 자신의 의견이 신성하다고 여기므로 다른 사람들도 이를 매우 소중하게 다루어주기를 바란다. 그래서 반대 의견에 직면하게 되면 자기 생각이 틀린 것은 아닐까 반성하는 대신 감정적으로 받아들인다.

이런 태도가 만들어내는 조심의 문화는 진실에 이르기를 원하는 사람에게는 심각한 장애다. 따라서 모든 사람이 자기 의견을 가질 권리가 있다는 생각과 태도를 부추기는 허위적 관념에서 벗어나야 한다.

건강할 권리에 따르면
늙고 죽는 것은 의무 위반이다

———

모든 사람이 자기 의견을 가질 권리가 있다는 생각이 사실 무의미하다는 것은 권리에는 의무가 수반된다는 권리에 관한 기본 사항 하나만 봐도 알 수 있다. 정부가 사회복지를 제공하는 대가로 말 잘 듣는 국민이 되라고 요구하는 정책들을 정당화하기 위해 사용하는 "책임 없이는 권리도 없다"는 현란한 (신노동당의) 슬로건을 내세우려는 것은 아니다. 내가 말하려는 바는 권리의 훨씬 더 기본적인 측면으로 권리가 부여하는 의무에 의해 다시 그 권리가 '정의'된다는 것이다.[3]

법은 모든 시민에게 생명에 대한 권리를 부여한다. 당신의 생명권은 다른 사람이 당신을 죽여서는 안 된다는 의무가 된다는 의미다. 당신의 생명권은 정부가 승인할지 여부를 결정할 수 있는 권리가 아니다. 또한 타인이 당신을 죽이지 못하도록 법으로 규정하지 않는다면 당신의 생명권은 보장받지 못한다. 그렇다면 당신의 생명권이 당신을 먹이고 집을 주고 의료적인 치료를 제공해야 할 의

----

3 권리와 의무 사이의 연관성에 관한 다양한 논의에 관심이 있다면 P. 존스의 《권리(Rights)》(Basingstoke, McMillan, 1994)를 참조하라.

무가 다른 사람에게 있다는 뜻일까? 이것은 논란이 뜨거운 문제지만 다른 사람의 의무에 관한 이 질문의 대답이 한편으로 생명권을 정의하고 규정한다는 사실은 아무도 의심치 않을 것이다.

따라서 누가 권리를 주장하거든 그 권리가 타인에게 부과하는 의무가 무엇인지 먼저 물어라. 그래야만 그 권리가 진정 의미하는 바가 무엇인지 알 수 있다. 또한 그런 권리가 정말로 있는지 아니면 있어야 하는 것인지도 알 수 있다. 대부분의 의무가 실제로는 필요 없고 심지어 터무니없이 부과된다는 사실이 명백해질 것이다.

메리 로빈슨이 유엔 인권고등판무관에서 근무할 때 우리에게 건강할 권리가 있다고 주장했다. 그러나 조건(의무) 없이는 로빈슨의 주장이 의미하는 바가 무엇인지 알기 어렵다. 국제보건기구에 따르면,

> 건강은 단순히 질병이나 허약한 곳이 없는 것만이 아니라 신체적·정신적·사회적으로도 완전하게 안녕한 상태다.

그러나 모든 사람은 나이를 먹고 죽는다. 그 때문에 신체적·정신적·사회적 안녕은 완전할 수 없다. 인간은 언젠가 죽는다는 단순한 사실로 모든 사람의 건강할 권리가 궁극적으로 침해당하고

있으며 누군가는 자기 의무를 다하지 못하고 있음을 의미한다. 그렇다면 그 의무가 무엇이란 말인가? 아마도 죽을 수밖에 없는 인간의 운명을 바꿀 방법을 찾는 일일 것이다. 그러나 누가 이 무거운 의무를 감당할 수 있는가? 인간의 노화 메커니즘에 관해 아는 것이 거의 없는 우리 대다수는 분명 감당할 수 없다.

긴 속눈썹과 명주 이불 같은 대부분의 물건은 있다면 좋겠지만 그것을 소유할 권리는 없다. 마찬가지로 건강할 수 있는 무제한적인 권리는 존재하지 않으며 그 누구도 이를 제공할 의무가 없다. 메리 로빈슨의 주장이 논리적이려면 그 주장은 권리보다는 의무에서 출발해야 한다. 각자가 다른 사람의 건강과 관련해 가진 의무는 무엇인가? 정부가 시민의 건강과 관련해 가진 의무는 무엇인가? 그 다음에야 좋은 건강에 대한 권리가 무엇인지 알 수 있다.

논쟁을 멈춰야 하는 때를 알려주는 신호

———

그렇다면 의견을 가질 당신의 권리에 수반되는 의무는 무엇인가? 그 권리를 존중하기 위해 내가 반드시 해야 하는 일은 무엇인가? 가장 뻔뻔한 요구에서 시작해 더 겸손한 요구로 살펴보자.

자기 의견을 가질 당신의 권리가 내가 당신 생각에 동의해야 하는 의무를 지우는가?

아니다. 만일 그렇다면 누구나 자신의 의견을 가질 수 있는 권리의 보편성과 대립할 것이다. 나 또한 당신의 의견과 반대일지 모르는 의견을 가질 권리가 있다. 이렇게 되면 둘 가운데 한쪽은 서로에게 진 의무를 다할 수 없다. 또한 실생활에 미칠 영향도 생각하라. 모든 사람이 다른 의견을 가진 사람을 만날 때마다 매번 생각을 바꿔야 할 것이다. 종교도 바꾸고 정치적 의견도 바꾸고 자동차도, 식습관도 바꿔야 한다. 외국 여행은 여행사 광고 문구 그대로 삶을 통째로 바꾸는 일이 될 것이다.

당신이 의견을 가질 권리는 동시에 내가 당신의 말을 들어야 하는 의무인가?

아니다. 나는 그럴 시간이 없다. 사람들은 저마다 각각의 문제에 대해 여러 가지 다른 의견을 가진다. 런던 웨스트엔드 거리에 나가 보라. 광신도들이 구원자 예수나 시온주의자의 음모에 관한 자기 의견을 선포하는 소리며 다른 긴급한 우려의 목소리들을 듣지 않을 수 없다. 하지만 그들의 말에 모두 귀 기울이는 것은 현실적으로 불가능하고 따라서 의무가 될 수는 없다.

의견을 가질 당신의 권리가 그것이 어떤 생각이던 당신이 고수하도록 내버려두어야 할 의무를 내게 지우는가? 이것이 대부분의 사람이 자기 의견을 가질 권리를 주장할 때 의미하는 바에 가장 가까울 것이다. 논쟁하다가 오류를 인정하거나 입장을 바꿔야 할 바로 그 시점에서 사람들은 이렇게 행동한다. 이 해석이야 말로 너무나 그럴듯해서 대다수가 그대로 받아들일 것이다.

그러나 이 주장 역시 너무 억지스럽다. 우리에게는 다른 사람이 자기 의견을 고수하도록 내버려두어야 할 의무가 없다. 오히려 많은 경우 그들의 생각을 바꾸려고 노력해야 한다. 명백한 예를 들어보자. 당신과 친구가 함께 막 길을 건너려는 참이다. 이때 자동차 한 대가 달려오지만 친구는 도로로 걸음을 내딛는다. 그가 자살하려는 것이 아님을 알고 있다면 자동차가 오고 있음을 모른다고 추정할 수 있다. 당신은 친구가 자신의 생각을 고수하도록 내버려두어야 할까?

나는 아니라고 생각한다. 당신은 친구의 생각을 바꾸기 위해 가능한 한 모든 합리적인 수단을 동원해야 한다. 달려오는 차로 친구의 주의를 돌리게 할 수도 있고 "조심해, 차가 오고 있어"라고 말할 수도 있다. 그렇게 한다고 해서 친구의 권리를 침해하지는 않는다. 오히려 그는 당신에게 감사해할 것이다. 차에 치이느냐 마느냐 같은 중대한 문제에서는 누구나 진실을 알고 싶어 하고, 실수를 바로잡은 일을 호의로 받아들일 것이다. 어떤 주제에서든 진리를 알고

자 하는 사람은 반대되는 근거와 주장을 제시한다고 해서 부당한 취급을 당했다고 생각지 않는다.

하지만 어떤 주제에 대한 진실을 아는 데 정말 관심 있는 사람은 별로 없다. 자기 의견이 참이라고 밝혀지면 좋겠지만 그렇다면 금상첨화고 실상 참이냐 아니냐는 별로 중요치 않다. 내 친구들 대부분이 종교가 없어도 '인류보다 우월한 지능을 지닌 존재'나 '우리보다 더 높은 존재'를 믿는다고 주장한다. 그들은 또한 그 존재에 대한 일말의 근거도 없음을 호쾌하게 인정한다. 괘념치 말라. 이러한 생각들은 행동으로 옮겨야 할 부담감이 없어 별로 중요하지 않으므로 (돌진해오는 자동차의 경우와는 다르게) 틀렸다고 해서 치러야 할 대가는 없다. 이들은 단지 그것이 사실이라면 좋겠다는 바람 때문에, 종교적인 부모와 갈등 없이 지내는 데 도움이 된다는 등의 이유 때문에 그렇게 믿고 싶어 할 따름이다.

하지만 진실은 결코 중요한 문제가 아니며 거기에 얽매이는 것은 너무 귀찮을 뿐이다. 어느 쪽도 진실이 아님을 말하기 위해 "나는 내 의견을 가질 권리가 있어"라고 선언하는 것이다. 일단 상대방이 그렇게 이야기하면 그 문제를 계속 끌고 나가는 것은 단지 무례한 행동이 될 뿐임을 깨달아야 한다. 당신은 상대방의 의견이 참인지 아닌지에 관심이 있을지 모르지만 그들은 그렇지 않음을 눈치 채라.

**2
장**

그저 말만
그렇게 한다고?

—

동기의 오류

b　a　d

t　h　o　u　g　h　t　s

b　a　d

t　h　o　u　g　h　t　s

b　a　d

t　h　o　u　g　h　t　s

여동생이 열다섯 살이었을 때 자기 허벅지가 뚱뚱하다고 생각했다. 동생은 시시때때로 "내 허벅지 굵지?"라고 묻곤 했다. 그러면 부모님은 "아니야, 네 허벅지는 보기 좋아. 넌 아주 예쁘단다"라고 대답했다.

"말만 그렇게 하는 거지!"

동생은 부모님의 말을 그대로 받아들이기는커녕 오히려 가장 두려워하는 최악의 생각을 재확인했을 뿐이다. 동생은 동기의 오류 motive fallacy에 빠져 있었다.

기분을 풀어주고 화제를 전환하려는 부모님의 의도를 드러냄으로써 그들의 생각이 거짓임을 밝힐 수 있다고 생각했다. 하지만 동생의 생각은 틀렸다. 의견을 가지거나 표현하는 일로 이득을 얻는다고 해도 그 의견이 옳을 가능성은 충분하다. 남편이 아내에게 사랑한다고 말하면 엄청난 평화와 고요함을 얻을 수 있다. 어쨌거나 남편은 아내를 진정으로 사랑할 수도 있다. 또 자신의 외모가 평균 이상이라고 믿는 편이 좋을 뿐 아니라, 그렇게 믿는 사람의 90퍼센트 중 적어도 44퍼센트는 실제로 평균보다 낫다. 내 동생의 허벅지는 뚱뚱하지 않다. 다시 말해서 의견을 뒷받침하는 숨은 동기가 있다고 해서 그 의견이 틀렸다고 결론내릴 수 없다는 말이다.

이것은 누가 봐도 그 의미가 명백한 문제이지만 대립적인 사법 시스템을 예로 들어 자세히 살펴보자. 형사 소송의 원고와 피고 양측 변호사 모두가 고용된 총잡이다. 이들은 누가 되었든 자신에게 대가를 지불하는 사람을 대변한다. 따라서 이 경우는 말을 그렇게 하는 대가로 보수를 받으므로 '말만 그렇게 하는 것'보다 훨씬 심하다. 하지만 원고와 피고 양측의 입장은 대립하기 때문에 이기적인 동기라고는 해도 한쪽은 분명히 진실을 말한다고 할 수 있다. 따라서 어느 쪽이 진실을 말하는지, 피고인이 유죄인지 무죄인지 밝혀내려면 배심원단은 증거를 제시하는 변호사들의 동기가 아니라 증거 자체에 주의를 기울여야 한다. (만일 형사 재판에 동기의 오류 방법을 쓴다면 판결은 간단하게 내려질 것이다. 보수를 더 많이 받는 변호사 측에 불리하게 결정하라. 돈을 더 많이 받은 변호사가 동기가 더 부정하다.)

동기는 오직 '증언'을 다룰 때 그 사람의 신뢰성을 판단하는 데 관계된다. 다시 말해 무언가에 대한 누군가의 말을 그대로 받아들이기를 요구받을 때다. 여동생이 극적인 거짓말로 사람을 놀래주기 좋아하는 사람과 결혼해 당신을 실망시켰다고 하자. 어느 날 매제가 전화해서 동생이 500만 달러 복권에 당첨되었다고 한다면 이 말을 믿어야 할까? 그렇지 않다. 왜냐하면 1500만 분의 1에 지나지 않는 복권 당첨 확률보다 그 사람이 거짓말을 할 확률이 더 높기 때문이다. 만일 매제가 사람을 속일 확률이 1500만분의 1도 안 되는 융통성이라고는 전혀 없이 정직한 청교도와 결혼해 당신을 실망시켰다고 하자. 그 경우라면 (적어도 복권 당첨에서는) 축하할 준비를 해야 할 것이다.

그러나 증언이 진실인지 아닌지 판단할 때는 예외적으로 동기를 고려해야 한다. 일반적으로 논의가 진행되고 증거가 제시되며 사건이 성립하고 자유롭게 의견이 개진된다. 그리고 갑자기 한쪽이 상대의 동기를 의심하기 시작한다.

동기의 오류를 범하는 사람은 자기 입장에 대해 적절하게 반론해서가 아니라 단순히 주제를 바꿔 논쟁을 끝낸다. 처음에는 동생의 허벅지가 뚱뚱한지 아닌지 같은 문제를 논의했는데, 동기의 오류를 범한 다음에는 논의에 참여한 이들의 동기를 따지고 있는 자신을 발견할 것이다. 이 오류가 이렇게 보편적인 이유는 아마도 경제 정책, 종교, 허벅지 어떤 것에 대한 논의라도 의심스러운 동기와 내적 욕구가 무엇이냐의 문제로 바꿀 수 있기 때문이다. 낮 시간대 텔레비전 프로그램을 시청해본 사람이면 누구나 자신과 타인의 심리를 파악하고 싶어지는 달콤한 유혹을 알 것이다.

잭이 유명한 미국 토크쇼 프로그램인 〈제리 스프링거 쇼〉에 출연해 아내가 떠난 이유는 모든 여자들이 자기를 원한다는 사실을 감당할 수 없어서라고 말했다. 잭을 원하지 않는 많은 여자들 가운데 한 사람인 질은 뻔한 반격은 건너뛰고 잭이 이런 허풍을 떤 이유에 대한 가설을 설파했다. 방청객들에게 잭의 성기가 너무 작아서라고 단도직입적으로 밝힌 것이다.

바로 이것이 날마다 수백만의 사람들을 즐겁게 해주는 오락이다. 이 프로그램은 출연자의 말이 참이냐 거짓이냐를 따지기보다 그 뒤에 있는 동기에 초점을 맞추어 흥미로워진다. 후자가 훨씬 재미있다는 것은 아주 명백하기 때문이다. 그러나 정치에서처럼 본주제가 중요하고 전문가들 사이에서 의견의 옳고 그름이 논의의 핵심이 될 때는 동기의 오류에 의한 논점 일탈은 분위기를 험악하게 만들 것이다.

백만장자와 탐욕당

정치에서는 동기의 오류가 난무해 진지한 정책 논쟁이란 거의 찾아보기가 어렵다. 새로운 정책이 발표되면 정책의 장점에 대한 논의하는 대신 그 정책을 발표한 정치인의 동기에 대해 저널리스트와 정적들이 무성한 억측을 내놓는다. 소속 당의 우파(좌파)를 달래려는 것이거나, 농업 지역에서 근소한 표차로 이기려는 속셈이거나(중산층의 환심을 사려는 의도거나), 선정적인 저급 신문에 동조하는 인종차별주의자에게 아부하려는 심산이거나 아니면 다른 비슷한 계산일지도 모른다. 당신이 정치판에 빠삭하다면 정치인의 속성으로 알려진 다양한 동기에도 환할 것이다.

또한 그 효과도 잘 알 것이다. 정책이 목표를 이룰 가능성이 있는지, 그 목표가 합리적인지 혹은 그 정책 자체의 본질이 어떤지는 별로 중요하지 않다.

정치 게임에서 정책은 순전히 전술적 수단으로 다뤄진다. 정책으로 선수를 칠 수도 있고 적의 약점을 잡을 수도 있다. 그러나 게임 안에 있는 사람이든 정치를 비평하는 사람이든 고용·교육 기준 같은 정책이 정치 게임 밖에 미칠 결과에는 전혀 관심이 없다. 가끔씩 정치인이 이 끔찍한 게임에서 빠져나와 "이 나라 국민에게 진정으로 중요한 문제를 다루고 싶다"는 절박함을 표현하는 경우가 있다. 그러나 그것도 보통 그때만의 진정한 호소로 끝나기 일쑤다. 약속했던 문제를 다시 거론하는 일은 절대로 없다. 왜 그럴까? 의도의 선언은 그 자체만으로도 상당한 효과를 거두기 때문이다. 우리는 당연히 정치인들이 그 문제에 최선을 다하길 바란다. 하지만 부디 지루한 세부 사항으로 우리를 끌어들이지는 말아주기를!

저널리스트와 정치인은 정적이 내놓은 정책이 미칠 결과보다 그것을 내놓은 원인을 조사하는 데 더 관심을 쏟는다. 만일 이들이 그 정책으로 이득을 볼 당의 기부자나 가족, 친구를 찾아낸다면 그날은 봉 잡은 날이다. 그 정책은 의심할 여지없이 쓰레기로 치부될 테니까.

그 예로 2003년 미국의 이라크 침공을 반대한 사람 가운데 조지 W. 부시 전 대통령의 동기를 의심하지 않은 사람은 거의 없다. 그가 아버지의 과업을 완수하기 원했든, 이라크의 석유를 훔치기 원했든 아니면 이스라엘의 적을 제거하라는 유대인의 분부를 이행하기 원했든 일단 그럴듯해 보이는 저급한 의도를 찾는다면 침공이 옳지 못하다고 결론내릴 것이다.

그러나 부시의 동기는 이와 무관하다. 그가 역사에서 전쟁을 도발한 지도자 가운데 가장 사악한 의도를 가졌을 수도 있다. 어쩌면 이라크 식당에서 종업원에게 모욕당한 경험이 있어 이라크를 공격했는지도 모른다. 하지만 이런 모든 이유에도 불구하고 이라크 침공이 옳은 결정이었을 수도 있다. 전쟁 후 압제받는 사람들이 해방되고 세상은 전보다 안전해질 수도 있으니 말이다. 좋은 행위가 나쁜 의도에서 나올 수 있듯이 나쁜 행동도 의도는 좋을 수 있다. 어쩌면 부시는 진정으로 이라크 국민을 해방시켜 세상을 더 안전하게 만들기 원했는지도 모른다. 그러나 좋은 의도에서 했다는 이유만으로 침공이 멋진 생각이라고 여길 수는 없다. 사담 후세인의 독재는 이제 시아파에 의한 새로운 독재로 대체되었고 세계는 더 위험해졌는지도 모른다.

게다가 동기의 오류를 저지른 사람은 부시 반대자만이 아니다. 2004년 4월 민주당의 존 케리 상원의원은 부시 재임 기간에 미국 국민 대다수의 삶이 더욱 악화되었다고 주장하며 '고통-지수misery index'를 발표했다. 이 지수는 순수입과 교육비와 의료비 그리고 주택 소유율 같은 요소를 반영했다. 당장 이 주장에 대한 반론이 이어졌다.

> 부시 진영의 대변인 스티브 슈미트는 이 지수가 정치적 술책이라고 일축했다. "존 케리는 경제를 문제삼으면 정치적으로 이익이 된다고 계산한 것이다." (CBSNews.com, 2004년 4월 11일)

존 케리가 정치적인 목적으로 그런 주장을 했다는 공화당 스티브 슈미트 대변인의 의견은 아마도 맞다. 어쨌든 케리는 대통령에 출마했었다. 그러나 어떻게 이 사실이 부시 재임 기간 중에 미국인의 삶이 정말로 더 나빠지지 않았음을 보여줄 수 있는가?

당신은 이런 종류의 어처구니없는 말을 매일 듣겠지만 슈미트의 반응은 불합리하다. 논쟁 당사자들은 당연히 논쟁에서 이기고 싶어 하지만 그렇다고 해서 그들의 의견이 거짓이라는 뜻도 아니다. 만일 그것이 거짓이라면 이기려는 시도가 곧 자기 의견이 틀렸다는 것이 될 테니 논쟁에 개입하는 것 자체가 패배가 될 것이다. 존 케리만이 아니라 조지 부시와 다른 정치가들 역시 자기 의견을 방어하고 싶다면 입 다물고 있어야 현명할 판이다. 그렇게 해야만 슈미트의 강력한 반격을 피할 수 있으니 말이다. (뉴질랜드 정치에서 좋은 예를 볼 수 있다.)

1984년 뉴질랜드에 신당이 창당되었는데, 이 새로운 뉴질랜드당은 당시 고도의 통제경제였던 뉴질랜드 경제의 급진적 자유화를 주장했다. 여기에는 1984년 최고 66퍼센트까지 올라갔던 소득세율의 상당한 감소도 포함되어 있었다. 당시 총리였던 로버트 멀둔은 이 신당에 '탐욕당 The Greedies'이라는 별명을 붙였고 이것은 금세 입소문으로 퍼져나갔다. 왜냐하면 이 당을 창당한 백만장자가 높은 소득세율의 감소로 상당한 이득을 챙길 것이 분명했기 때문이다. 결국 이 당은 곧 사라지고 말았다. 소득세 감소나 전반적인 경제의 자유화로 얻게 될 이점은 논의할 필요도 없이 탐욕이라고 주장한 것만으로 게임 끝이었다. 그 결과 노동당은 성명서 하나 발표하지 않고 선거에서 승리를 거두었고 뉴질랜드당이 주창했던 것과 똑같이 자유화 경제 개혁을 실행에 옮겼다. 그러나 사람들은 노동당이 빈곤층을 위해 일하지 욕심으로 일하지 않는다는 것을 잘 알고 있으므로 아무래도 상관없었다.

인정하건데 언제나 이기적인 동기가 정치인의 특성이라고 단정 짓는 것은 무척 애석한 일이다. 주위에 냉소주의가 넘쳐난다. 하지만 정치인은 대체로 나라를 위해 최선을 다하려고 노력하는 점잖은 사람들이다. 그들이 정책을 발표할 때 그들에게 가치 있는 동기가 있다고 믿어야 한다.

장담할 수는 없지만 아마 그럴 것이다. 정치인의 동기에 관한 연구 가운데 괜찮은 내용이 있는 것을 본 적이 없는데다, 개인적으로 잘 아는 정치인도 얼마 없기에 확실한 통계학적 판단을 내릴 수는 없다. 하지만 어떤 경우든 이 주장들은 틀렸다. 왜냐하면 너무도 당연하게 기본적인 오류, 즉 동기가 바로 주제가 되는 것을 용인하기 때문이다.

매우 좋은 의도에서 나온 생각이라도 때로는 어리석을 수 있다. 미래의 구원을 위해서 지금 이 순간의 즐거움을 포기하라고 주장하는 무리가 좋은 예다. 그들은 도움을 베풀려는 것이지만 죽은 뒤에도 삶이 있다는 주장을 근거로 형편없는 조언을 한다. 동기의 오류는 무지에서 비롯되었든 냉소적이든 상관없이 오류다. (항상 옳은 성자이거나 언제나 그르기 만한 죄인이라 해도 예외는 아니다.)

동기의 오류
찾아내는 요령

─────

　　　　　동기의 오류가 까다로운 점은 오류임을 알기란 어렵지 않으나 일상생활에서 그 순간 바로 알아채기 어렵다는 것이다. 이런 오류를 너무 자주 접하면서 둔감해져버렸고, 오류를 범하는 방식도 미묘하다. 그 예로 대중매체에서 싱크탱크의 '백서' 발간을 보도하는 방식을 살펴보자.

　모두 같은 방식으로 보도하는 것을 보면 이에 대한 규칙이 어느 저널리즘 매뉴얼에 명시된 것이 분명하다. 첫째, '영국이 (유럽연합의 단일화폐인) 유로에 가입하면 300만 개의 일자리를 잃게 될 것이다'처럼 결론이 과감하게 진술된다. 이어서 '포기언 소사이어티 Foggian Society에 따르면 그렇다'는 식으로 싱크탱크 이름이 나온다. 그 다음에는 '우파 편향적 싱크탱크다'와 같은 집필 방향이 이어진다. 왜 싱크탱크는 언제나 좌파 아니면 우파로 나누는지 궁금할 것이다. (가운데에 못질한 발은 자꾸 비뚤어지나?) 애초에 저널리스트들은 어째서 이렇게 좌파라느니 우파라느니 구분해 말할까? 싱크탱크의 정치적 충성은 그들의 관점을 아무 생각 없이 받아들일 때 문제가 된다. 사실 그들이 그렇지는 않다. 이들의 백서에는 주장을 뒷받침하는 근거와 논거로 가득하다. 그들의 견해에 반박하려면 이 주장에서 무엇이 잘못되었는지 입증해야 한다.

그러나 그러려면 백서를 읽어야 하고, 아마 그 주장을 지지하기 위해 언급된 다른 자료를 보고 그 주제에 관해 성찰할 필요도 있을 것이다. 그런데 누가 이 모든 일을 할 시간과 에너지가 있겠는가? 날마다 스무 개의 새로운 주제에 전문가가 되어야 하는 저널리스트는 더더욱 아니다. 싱크탱크의 방향을 같이 바라보는 편이 낫다. 같은 쪽으로 편향하는 사람은 그 결과에 동의하면 되고, 다른 쪽으로 편향하는 사람은 그것을 거부하면 된다.

저널리스트는 논쟁적인 문제를 다룰 때 시간적인 제한과 간단히 요약해 정보를 제시해야 한다는 요구로 인해 동기의 오류를 범하려는 유혹을 떨치기 어렵다. 이런 일은 다소 미묘한 방식으로 이루어지지만 잘 살펴보면 어디서나 찾아볼 수 있다.

동기의 오류를 알아채는 요령은 이렇다. "그저 말만 그렇게 하는 것입니다" "그의 새로운 교육정책은 그저 학생들의 표를 얻으려는 시도입니다"와 같은 경우에서 '그저'란 말에 주시하라. 이 주장에 왜 그저란 단어가 들어가야 하는가? 내가 어떤 말을 하면 모든 사람이 내가 무슨 말을 하고 있는지 안다. 내가 '그저' 그 말을 한다고 말해 덧붙이려는 의미는 무엇인가? 글쎄, 내가 하는 말이 진심도 아니고, 아니면 교육정책이 학생들에게 호소하는 것 말고는 쓸모 있지도 않음을 나타낸다고 생각할 수 있다. 물론 단순히 '그저'란 말을 더한다고 해서 그런 효과를 낼 수 있다는 뜻은 아니다. 이 말이 반박에 대해 기적적인 힘을 가진 것도 아니니까 말이다. 그럼에도 사람들은 언제나 그 말을 쓰려고 하니 조심하라!

**3
장**

양배추와 어머니

—

권위의 오류

"내가 그렇게 말하니까"는 우리 대부분이 부모님께 자주 듣던 말이다. 보통 이 말은 단순히 으름장이다. "왜 완두콩을 먹어야 해요?"라고 투정부리는 말에 대한 대답으로 "먹지 않으면 너를 두들겨 패줄 테다"보다는 훨씬 교양 있고 따라서 훨씬 환영받는 표현이다. 그러나 당신은 "왜 동정녀 탄생을 믿어야 하죠?"와 같은 사실 문제에 대한 질문에도 그 대답을 들었을지 모른다. 만일 부모님이 그 질문에도 같은 대답을 했다면 권위의 오류 authority fallacy를 범하는 심각한 실수를 저지른 것이다.

　권위의 오류는 상당히 다른 두 가지 권위를 혼동함으로써 일어난다. 하나는 부모, 축구 심판, 주차관리원이 가진 특정한 문제를 결정할 권위로 부모는 자녀가 잠자리에 들 시간을 결정할 권한이 있다. 따라서 "왜 8시에 자야 해요?"라는 질문에는 "내가 그렇게 말하니까"라고 대답해도 그르다고 할 수 없다. 말 그대로 부모님이 당신이 잘 시간을 정할 권한이 있는 사람이다. 그러나 예수가 성행위를 하지 않고 수태되었는지 그렇지 않은지는 부모가 결정할 문제가 아니다. 예수가 태어날 때 마리아가 처녀였는지 여부는 당신의 부모는 물론이고 모든 사람들의 의지 밖에 있는 문제다. (물론 예수의 부모라면 예외일 수 있다.) 따라서 "왜 내가 동정녀 탄생을 믿어야 하죠?" 같은 질문에도 아버지가 "내가 그렇게 말하니까"라고 대꾸한다면 그 대답은 틀렸다. 이 문제는 부모의 권한 범위를 넘어선다.

그러나 "내가 그렇게 말하니까"라는 대답이 문자 그대로의 권위는 아니지만 합리적인 또 다른 경우가 있는데, 이때 '권위'는 전문가의 권위다. 어떤 분야나 주제에 관한 전문가의 의견은 적어도 다른 비전문가의 의견보다 옳을 가능성이 높다. 따라서 의견을 뒷받침하기 위해서 권위자, 곧 전문가의 의견을 들어 당신의 주장을 호소하려는 것은 아무런 문제가 없다. 그것은 당신의 의견에 대한 간접적인 근거다.

우리가 모든 일에 전문가일 수는 없다. 평범한 사람들이 둘러앉아 진화생물학, 양자물리학, 발전경제학 같은 주제를 논할 때, "노벨상 수상자 아무개가 그렇다고 했다"라는 근거를 대는 것이 가장 그럴듯하다. (정부의 형편없는 교육정책이 사람들을 더더욱 이렇게 만들어간다.) 그런데 아무개 교수가 선택한 술집이 형편없을 때에도 "내가 그렇다고 생각하니까"라는 한마디면 용서가 될 것이다. 잘난 척하는 꼴을 보기가 좀 불쾌하기는 하겠지만 말이다.

이제 권위의 오류에 대한 의미는 명확하다. 특정한 문제에 결정을 내릴 권위(첫 번째로 설명한, 문자 그대로 권위)를 전문가이기 때문에 의견이 옳을 가능성이 높은 두 번째 비유적 유형의 권위와 혼동할 때 발생한다.

아버지는 자식이 언제 잠자리에 들고 저녁을 먹으며 어느 학교를 다닐지 결정할 수 있다. 그러나 이런 문자적 의미의 권위를 가진다고 해서 그가 인간의 (혹은 신성의) 생식 작용에 관한 전문가라는 의미는 아니다. 따라서 당신 아버지가 "내가 그렇다고 말하니까 너는 동정녀의 출산을 믿어야 한다"고 말할 때 이의를 제기해도 좋다. 이것은 당신이 과학 시간에 배운 것과는 전적으로 다르고, 당신 아버지는 제록스 영업사원이지 생물학자나 법의학 고고학자가 아니다. 물론 당신이 왜 완두콩을 먹어야 하냐고 물었을 때처럼 아버지는 단지 으름장을 놓는 것일 수도 있다. 그러나 이 경우는 앞에서 이야기한 어느 쪽의 권위도 아니다. 이것은 당신이 동정녀의 출산을 믿는 계기가 되거나 단지 그렇다는 대답은 유도해낼지도 모르나[4] 문제의 사실과 관련해서는 아무런 근거도 제공하지 않는다. 진리를 추구하는 사람에게 근거 없는 잘못된 정보에서 나온 의견은 아무 소용도 없고, 총구를 들이대며 믿으라고 한들 사정이 달라지지는 않는다.

정치가들은 왜 어론을 들먹일까

10년도 더 전에, 기억도 잘 안 나는 먼 옛날에는 사회의 권위적 인물이 대중으로부터 커다란 존경을 받았다. 논리학 입문서를 기준으로 살펴보면 이것은 심각한 권위의 오류에 해당한다. 그럼에도 부모, 교황, 경찰관, 신부와 정치가들의 견해가 전문가 의견의 중요성을 지니기라도 한 양 끝없이 인용되었다. (교황의 오류는 그것을 부인하는 경향으로 인해 특히나 악명이 높았다.)

그러나 시대는 변했고 이런 인물들의 입지도 급격하게 줄었다. 자녀들은 부모를 순전히 바보로 알고 "대통령이 그렇다고 하니까"

---

4 누가 강제로 협박한다고 해서 어떤 일을 간단히 믿기로 결정할 수는 없다. 직접 시험해보자. 당신이 현재 믿지 않는 어떤 일을 믿으려고 해보라. 예컨대 당신이 크로아티아의 왕위를 물려받을 세자라거나 차에 치여도 상처를 입지 않는 사람이라고 믿어보라. 당신은 결단코 이를 믿지 못할 것이다. 어떤 일을 믿기 위해서는 당연히 그것이 사실이라고 생각할 수 있는 근거가 있어야 한다.

라는 말로 논쟁이 가라앉는 것은 보기 힘들다. 경찰과 신부는 너그럽게 봐 모조리 치졸한 인간이나 남색이나 밝히는 인간은 아니라고 해두자.

권위의 오류는 이제 많이 줄었을 것이라고 기대할 것이다. 그러나 오히려 번성하고 있다. 새로운 권위의 대상이 구시대를 대신해 부상했는데 이런 책을 위해서 다행히 믿을 만하지 못한 것은 그들도 마찬가지다.

가장 좋은 예는 국민이다. 다시 말해 다수 때로는 가장 큰 소수다. 국민은 단순히 전문가라도 되는 양 종종 불려나오는 신뢰할 수 없는 출처가 아니다. 정확하게는 두 가지 형태의 권위 사이에서 생긴 혼란으로 인해 등장한다.

민주주의에서는 궁극적으로 국민이 정치적 권위자다. 국민은 정부를 선택할 권한이 있다. 이것은 좋은 일일 수도 아닐 수도 있다. 그러나 여기서 관심사는 정부를 선택하는 제도인 민주주의가 지닌 장점에 대한 것이 아니다. 단지 그 장점이 무엇이든 민주주의가 국민 대다수가 경제, 법체계, 국제관계 등에 전문가라는 전제를 기반으로 세워진 것이 아니라는 사실에 주목해야 한다. 우리 대부분은 이런 주제에 한심할 정도로 아는 게 없기 때문이다. 대부분의 축구 심판이 경기 규칙에 대해서 전문가인 것처럼 문자 그대로의 권위는 때로 전문성에 기초한다. 하지만 항상 그렇지는 않은데 권위와 전문성의 분리가 가장 명백한 예가 민주주의다. 자기 견해에 대한 지지를 호소하기 위해 정치가들은 끊임없이 여론을 들먹인다.

여론 조사기관별로 차이가 있지만 영국 시민의 60~70퍼센트는 유럽연합의 단일화폐인 유로를 통화로 채택하는 데에 반대한다. 이는 만일 예정된 국민투표가 내일 당장 열린다면 영국이 유로를 도입하지 않을 것임을 의미한다. 적어도 당신이 국민의 의지에 따라 이 문제를 결정해야 한다고 생각한다면 유로를 채택해서는 안 된다. 그러나 이 사실로부터 유로의 채택이 나쁜 생각이라고 결론 내릴 수는 없다. 국민들은 유로를 채택함으로써 생기는 결과를 거의 모르기 때문이다.

따라서 유로를 채택하는 일이 영국의 이익에 해가 된다는 주장은 대중의 반대에 호소한다고 해서 설득력을 갖추는 것은 아니다. 이것이 유로를 반대하는 정치인들이 언제나 써먹는 수법이지만 말이다.

모든 민주주의의 정치인은 정치의 궁극적인 권위가 국민에게 있다는 데에 동의한다. 하지만 다른 문제에서는 뜻을 같이하지 않을 수 있다. 어떤 정치인은 사교육을 질색해 반대하며 다른 정치인은 나라가 교육에 관여해서는 안 된다고 생각한다. 양측 모두가 이 문제를 결정할 힘이 국민의 의견에 있음을 알므로 자기들 의견이 옳다고 국민을 설득하려고 든다. 그러나 '문제를 결정'하는 것이 누가 옳은지를 결정한다는 의미는 아니다. 국민이 옳고 그름을 정할 수 있지도 않다. 단순히 결정한다고 해서 교육의 국가 독점이 사교육보다 우월해지는 것도 아니고 그 반대의 경우도 마찬가지다. 국민의 의견은 단지 어떤 정책을 채택할지에 대한 결정권을 가질 뿐이므로 얼마든지 열등한 정책을 선택할 수 있다. 그렇지 않고 대중의 의견이 항상 옳다면 진정한 지도력을 갖춘 정치인이 왜 필요하겠는가? 여론 조사와 행정공무원만으로도 정부의 역할이 잘 이루어질 텐데 말이다.[5]

2002년 BBC 텔레비전의 〈위대한 영국인〉은 이처럼 대중의 의견이 결정할 수 있는 것을 혼동함으로써 만들어진 바보 같은 프로그램이다. 역사상 가장 위대한 영국인 후보자 10인을 유명인사 가운데 선정한 다음 대중이 투표하게 한다. 그런데 이런 투표로 무엇을 결정할 수 있을까? 누구의 동상을 하이드파크에 세울 것인가 아니면 누구의 생일을 국경일로 정할 것인가 이런 일은 오로지 사실의 문제다. 그러나 그런 사실은 (실제로 그런 사실이 있다면) 결정될 수 없다. 역사상 가장 위대한 영국인이 누구인지는 누구의

---

[5] 현대 정치는 정확하게 이런 방향으로 이루어진다. 하지만 정치가들이 대중의 의견이 절대로 옳다고 진정으로 믿기 때문은 아닌 것 같다. 그보다 정치 직업화의 결과다. 대중의 의견이 정책을 이끌도록 하는 것은 옳은 선택을 할 기회를 크게 증가시키지 않더라도 선거에 당선될 기회는 크게 높인다.

의견에 달린 일이 아니다. 그 문제를 결정할 신뢰할 수 있는 원천이 대중도 아니다. 참고로 그 투표에서 다이애나 왕세자비가 3위를 차지했다.

좋고 싫음은
의견이 아니다

———

여기서 의견의 문제로 잠깐 본론에서 벗어나 보는 것도 좋겠다. 앞에서 역사상 가장 위대한 영국인이 누구인가는 의견의 문제가 아니라고 했을 때 심히 잘못된 생각이라고 여긴 사람도 있을 것이다. 이것이야 말로 의견의 문제에 대한 완벽한 예가 아닌가. 당신이 그렇게 생각한다면 당신이 생각하는 것이 뭔지 안다. 그러나 먼저 내가 말하고자 하는 것이 무엇인지부터 말하겠다.

내가 어떤 것이 의견의 문제가 아니라고 말할 때 말 그대로 사실이 그에 관한 의견에 따라 달라지는 것은 아니라는 의미다. 만일 다이애나 왕세자비가 실제로 역사상 가장 위대한 영국인 가운데 3위라면 그녀가 아름답고 친절하다는 등의 이유에서일 것이다. 누군가가 그녀가 세 번째로 위대한 사람이라고 생각해서도 아니고 세 번째로 많은 사람들이 그녀가 위대하다고 생각해서도 아니다. 이렇게 간주되는 것은 특별하지 않다. 단순히 믿는다는 이유로 의견이 사실이 될 수는 없다. 따라서 내 생각에 말 그대로 아무것도 의견의 문제가 아니다.

누군가 무엇이 의견의 문제라고 말한다면 (아마) 그 문제를 판단할 객관적인 잣대가 없으므로 각자의 의견은 자신의 판단에 달려 있다는 의미일 것이다. 어떤 사람은 위대함은 아름다움과는 무관하다고 생각해 처칠을 위대한 영국인으로 선택한다. 또 다른 사람들은 아름다움을 최고로 여겨 다이애나 왕세자비를 선택할 수 있다. 문제는 '위대함'이라는 말이 (사람에게 쓰일 때) 지독히 불명확해서 사람들이 생각하는 영웅이 다양한 만큼이나 위대함에 대한 해석도 천차만별이라는 것이다. 그러나 위대함의 많은 해석 가운데 하나를 골라 그 뜻을 명확히 해봐라. 그러면 누가 가장 위대하고 누가 위대함의 특성을 가장 많이 가졌는지 간단히 납득할 수 있는 의견의 문제가 아님을 알 수 있다. 텔레비전 프로그램 〈위대한 영국인〉의 진짜 논점은 무엇이 위대함을 결정하는가라는 것이지 후보자의 다양한 특성이 아니다.

때로는 불분명하거나 모호한 단어의 의미를 명확히 함으로써 완전히 불일치했던 논점을 해결할 수 있다. 그 전까지 서로의 의도를 파악하지 못해 자신의 의견만 얘기했음을 이해하는 것이다. 하지만 가끔씩 그럴 수 없는 경우도 있다. 많은 사람들이 어떤 음식이 좋은지 나쁜지를 놓고 입씨름한다. 특히 내가 어렸을 때 부모님과 그런 논쟁을 벌였다. 나는 양배추를 끔찍이 싫어했지만 어머니는 좋은 음식이라고 고집했다. 어머니도 나도 좋은 음식의 기준을 명확히 함으로써 양배추가 왜 최고의 음식인지 아니면 왜 최악의 음식인지 설명할 수는 없었다. 이것이 양배추의 좋고 나쁨을 의견의 문제로 만들까?

다시 한번 말하지만 내가 내린 정의에서는 아니다. 내가 양배추를 끔찍하게 여김으로써 양배추를 정말 끔찍한 것으로 만들 수 있고 어머니가 양배추를 좋게 생각함으로써 좋은 것으로 만들 수 있다고 결론 내려서는 안 된다. 그래 봐야 양배추는 좋은 동시에 끔찍한 것이 되지 않으며, 단지 모순이 존재할 수 없다는 가장 기본적인 논리의 법칙을 위반할 뿐이다. 그보다 어머니는 양배추를 좋아하지만 나는 좋아하지 않는다는 사실 그 이상도 그 이하도 아님을 인정해야 한다. 애초에 양배추가 좋은지 나쁜지 여부는 논쟁거리가 될 수 없다. 양배추에는 어머니의 입에서는 어머니가 좋아하는 풍미를 느끼게 하고 내 입에서는 그렇지 않다는 것 뿐이며 그 사실에는 의의가 있을 수 없다. 어머니가 양배추를 좋다고 말하고 내가 지독하게 싫다고 말하는 우리의 반응은 이것을 불러일으킨 사물에 투사되었기 때문에 의견 불일치의 형태로 나타났을 뿐이

나쁜 생각

다. 양배추를 좋아하는지 아닌지는 맛의 문제이고, 양배추가 좋은지 나쁜지는 누구의 의견에 달린 것은 전혀 아니므로 (말 그대로) 의견의 문제가 아니다.

물론 '의견의 문제'가 일상생활에서 구어적으로 사용되는 것은 무해하다. 순전히 명백한 기준이 부족할 뿐이어서 단어의 정의에 대해 합의가 이루어지면 의견의 불일치는 실제적으로 존재하지 않음을 보여줄 수 있기 때문이다. 하지만 일상적인 표현에서 무해하다고 해도 당신은 그 말이 어떤 사실을 문자 그대로 의견의 문제라고 믿게 만들지 않도록 명심해야 한다. 단순히 누군가가 그렇게 생각하기 때문에 실제로 그럴 수는 없다.

열차 사고와 공공운송 정책

절대적으로 틀림없는 국민의 의견에 호소하는 것은 현대에 일어나는 권위의 오류의 가장 명백한 예다. 과거에 권위를 지닌 인물에서 그랬듯이 국민에게 전문가라는 지위는 상당 부분 두려움을 통해 얻어진 것이다. 바로 비민주적으로 보일지 모른다는 두려움이다. 국민과 의견을 달리한다는 것은 당선되기를 원하는 정치인에게는 단순한 불운이 아니라 어떤 도덕적 결함이라도 있는 것으로 보이게 하기 십상이다. 이런 종류의 두려움은 또한 현대의 권위 권력자들이 자신의 형편없는 무지를 초월하는 데 도움을 주기도 한다.

비극적 희생자에게 무심한 것처럼 보이고 싶어 하는 사람은 없다. 아동 성폭력 희생자의 어머니가 기자회견에서 흐느껴 울며 용의자에게 당장 사형 선고를 내려야 한다고 주장한다면, 그 자리에서 그녀의 주장에 문제점이 많다고 이야기하는 것은 법학에 대한 외골수적인 헌신이 없다면 몹시 힘들 것이다. 그러나 누구도 그녀가 겪는 고통을 이유로 그녀의 의견에 전문가와 같은 무게를 부여할 수는 없다. 이런 일이 언제나 일어나지만 말이다.

1995년 영국 여학생 레아 베츠가 파티에서 마약의 하나인 엑스터시를 복용한 뒤 목숨을 잃었다. 그 이후로 의약품법 규제 완화 제안에 대한 신문기사에는 레아 아버지의 분노에 찬 반응이 같이 보도되었다. 왜인가? 고통스러운 경험이 베츠 씨를 의약품법이 공공건강, 범죄, 개인의 자유 등에 미치는 영향에 관한 전문가로 만드는가? 아니라면 왜 우리는 이 문제에 대한 그의 의견에 관심을 두어야 하는가?

비극을 통해 주목을 끄는 인물이 베츠 씨 혼자만은 아니다. 1999년 런던 패딩턴역 열차 충돌사고 희생자들은 지금 공공운송 정책에 조언자 역할을 하며, 범죄자에게 유죄를 선고할 때 희생자가 관여해야 한다는 제안도 나온다. 정책 형성에 이런 방식으로 접근하는 저널리스트와 정치가들은 아마도 희생자들을 진정으로 염려하여 이런 관여를 옹호하는 것이겠지만 이는 논점을 벗어난 문제다. 고통을 당했다고 해서 전문성을 부여받지는 않는다. 희생자들이 옳다고 생각하는 것을 믿는다고 당신이 옳을 가능성이 더 높아지지는 않는다.

그와는 반대로 고통의 결과가 체계적인 오류를 일으킬 수 있다. 사람들은 세상을 자기 식으로 받아들이는 경향이 있다. 열차 사고를 당한 사람들은 열차 사고의 가능성을 과대평가한다. 어떤 질병으로 자녀를 잃은 사람은 다른 자녀에게서 그 병의 증상을 지나치게 찾아낸다. 이런 일은 상처를 입은 개인의 입장에서 보면 이해할 만하지만 그렇다고 정부 정책의 근거로 삼을 수는 없다.

유명 인사

배리 매닐로는 1970년대에 몇 개의 히트곡을 낸 가수이니 대중음악계 안팎을 잘 알 것이다. 음반 계약을 따내는 법이나 새로 작곡한 곡을 더 좋은 음악으로 향상시키는 방식에 관해서라면 그에게 조언을 구하는 것이 좋을 것이다.

그러나 경제학, 법리학, 국제관계, 정치와 관련된 다른 분야에서 매닐로가 뛰어난 것은 아니다. 이 주제로 약간 조사해본 결과 이런 문제에 대한 그의 전문성은 무작위로 선택한 다른 시민들보다 결코 나을 것이 없었다. 따라서 어떤 대통령 후보에게 투표할지 그에게 조언을 구할 이유는 없다.

그러나 지난 2003년 민주당 예비선거 캠페인에서 미국 대중은 마치 투표할 때 가슴에 새겨두어야 하는 양 배리 매닐로가 리처드 게파트를 지지한다는 소식을 들었다.

매닐로와 게파트가 별난 것이 아니다. 다른 후보들 또한 유명인의 지지를 받는다는 사실을 자랑했다. 예를 들면 데니스 호퍼는 존 에드워즈를, 로브 라이너는 하워드 딘을, 또 제리 사인펠드는 존 케리를 지지한다고 했다. 데니스 호퍼, 로브 라이너, 제리 사인펠드가 정치에 관해 조언할 만한 전문가가 아님은 배리 매닐로와 다를 바 없다.

유명인의 정치인 지지는 터무니없는 권위의 오류다. 후보자와 캠페인 관리자는 분명히 알면서도 단지 대중이 이것을 모른다고 생각한다. 그들이 틀렸기를 바라자. 그렇지 않다면 좋아하는 유명인이 너무 많아서 투표자들의 마음이 특정 유명인에게 향하지 않기를 바라자. 예컨대 만일 내가 유명인의 영향을 받는 투표자라면 오로지 게파트만이 지지 대상에서 제외될 것이다. 호퍼, 라이너, 사인펠드 가운데 선택해야 한다면 에드워드, 딘, 케리에게는 미안하지만 나는 그들의 정책이 적절한지 생각해볼 것이다.

권위의 오류를 찾기란 쉽다. 제공된 권위의 원천이 실제로 그 문제의 전문가에게서 나왔는지를 물어라. 그렇지 않다면 그의 말을 곧이곧대로 받아들이기보다 그 문제가 분명해지도록 물어야 한다. 그의 의견 자체가 근거가 되지는 않는다.

또한 '전이된 전문성'을 제공받은 것은 아닌지도 주의하라. 이런 일은 어떤 분야의 전문가가 전혀 다른 분야에서 권위의 원천이 될 때 일어난다. 아인슈타인의 의견이라면 물리학과는 동떨어진 것이라도 특별한 관심을 받는다. 나는 대부분의 사람들이 가지고 있는 지적 능력을 10퍼센트밖에 사용하지 않는다는 말을 여러 사람에게서 들었다. 그것을 어떻게 믿냐고 묻자 아인슈타인이 그렇게 말했다고 답했다. 그들은 아인슈타인이 어떻게 이 문제를 잘 아는지 설명하지 못하지만 모두가 아인슈타인이 얼마나 머리가 좋은지는 안다.

속임수에 넘어가지 마라. 이것이 여기서 말하고자 하는 바다. 아인슈타인은 분명 천재지만 우리가 지적 능력을 얼마나 쓰느냐 하는 문제에서는 그가 당신이나 나보다 더 잘 안다고 볼 수 없다. 내가 보기에 우리 대부분이 한계 가까이 쓴다. 만약 이 생각이 잘못되었다면 그 이유는 아인슈타인과 생각이 다르기 때문은 아니다.

반대하는 것도, 무조건 옳다고 따르는 것도 진실로 가는 길은 될 수 없다.

**4
장**

신비로움으로
멋지게 감추다

—

편견

b a d

t h o u g h t s

b a d

t h o u g h t s

b a d

t h o u g h t s

이 문제를 완벽하게 해결하려면 복잡해질 수 있지만 결국에는 당신의 주장이 근거가 없음이 밝혀질 것이다. 더욱이 이것이 당신의 주장을 일관적이게 만들지도 못한다. 당신은 자신의 의견을 포기해야 한다. 그렇지 않고 고수하다가는 모든 사람이 그 주장이 순전히 편견에 지나지 않는다는 사실을 알아챌 것이다.

그밖에 다른 도리가 없을까? 세 번째 방법이 있다. 당신이 말하는 것을 본질적으로 보통 사람들이 이해할 수 없다고 주장하는 것이다. 아니면 편협한 과학의 합리주의자적 접근으로는 설명할 수 없는 것이 많다고 지적할 수도 있다. 다시 말해 진리를 보려면 직관적인 통찰력이 필요하다고 말하는 것이다.

그런 경건함을 걸치니 당신의 편견은 이제 장엄해 보이기조차 한다. 어디 장엄할 뿐인가. 근거가 없다는 사실을 아무도 알아채지 못한다.

적절히 쓰기만 한다면 주의를 딴 데로 돌리는 책략은 당신을 편협한 사람이 아니라 지혜로운 사람으로 명성을 높여줄 것이다. 화려한 수사법에다 몇 가지 말 그대로의 장식까지 차려입는 것도 고려하라. 간소한 로브를 두르거나 머리에 수건을 감으라. 그런 옷을 걸친 사람에게는 그 누구도 근거를 내놓으라고 요구하지 않는다. 샌들, 얼굴 가득 덮은 수염, 특정한 어조도 확고부동한 위치를 확보하는 데 요긴하다.

진정한 진리 추구자인 당신은 절대로 이런 기만적인 수법에 탐닉하지 않을 것이다. 그러나 우리 주변의 많은 이들이 그런 술수를 쓴다. 이들의 빛나는 명성에서 나오는 영기가 정상적으로 명료하게 사고하며 살아가는 사람들을 주눅 들게 하거나 당혹케 한다. 이 장에서는 편견이 있는 시도를 거짓된 신성함이나 근거와는 무관하게 확대 포장된 것으로 대체하려는 책략을 고찰하고자 한다. 여기서는 여섯 가지 책략을 살펴보겠다. 분명히 더 많은 책략이 있지만 이 장에서 다루는 예들이면 당신의 지적 면역체계를 튼튼하게 하는 데 충분할 것이며, 나머지는 스스로 찾아내 저항할 수 있을 것이다.

물고기와 삼위일체는
신비롭지 않다

나는 물고기가 신기하다는 사실을 발견했다. 특히 물속에서 숨을 쉴 수 있는 능력이 그렇다. 나는 이 능력이 아가미를 통과하는 물과 연관된다는 것밖에 모르는데 그 이상은 너무 아득한 것이다.

신비한 물고기를 발견했다는 이야기는 물고기에 관한 많은 정보를 제공하지도 않고 내 평판을 좋게 하지도 않는다. 당신은 내가 그 문제를 주의 깊게 살피지 못했다고 올바르게 판단할 것이다. 내가 무식해서가 아니라 물고기가 본질적으로 불가해하므로, 내가 오히려 물고기의 신비함을 제대로 알아보았다고 판단하지 않으리라 믿는다.

그러나 물고기보다 더 수준 높은 문제에서는 무지와 비논리로 인해 종종 윤리와 믿음에 관한 것이 된다. 예를 들어 삼위일체라는 정통 그리스도교의 교리를 생각해보자. 성부·성자·성신은 '삼위일체'로 제시되지만 세 가지 다 다른 실체들이다. 그러나 각각은 '일체'로 제시되는 신이고 또한 단일한 실체다. 이 교리에서 말하는 각 부분은 FM 조정기가 세 부분으로 이루어진 스테레오의 한 부분인 것과 유사한 방식으로 신의 일부분이라는 뜻이 아니다. 각각은 전적으로 신이다.

여기에 문제가 있다. 세 가지가 한 가지가 될 수 없다는 것은 매우 기본적인 산수로도 알 수 있다. 삼위일체의 교리는 "3은 1과 같지 않다"는 사실에 위배된다.

또한 A가 B와 동일하고, B는 C와 동일하다면, A는 C와도 동일하다는 대수학의 기본법칙에도 위배된다. 만일 성자가 신과 동일하다면, 신은 성신과도 동일해야 하고, 성자는 성신과도 동일해야 한다. 이들은 하나요, 같은 것이다. 그러나 삼위일체설을 주장하는 사람들은 이 마지막 암시를 부정한다. 예수가 성신임을 부정하는 것이다.

가톨릭교회의 교황, 추기경, 신부들도 3은 1과 같지 않다는 사실과 등호의 상등성 법칙에 동의한다. 따라서 해결해야 할 문제가 생긴다. 삼위일체설의 교리가 이 명백한 진리에 위배되는데 어떻게 이 교리가 참이냐는 문제다.

글쎄, 미스터리다. 이것이 그들이 이 문제를 설명하는 방법이다. 실제로 이것은 '절대' 신비다. 그 본질이 바로 절대적 신비이고 이를 풀고자 하는 시도는 가망 없으며 죄악이다.[6]

---

6 교황 무오설(無誤說)과 더불어 절대 신비에 대한 개념과 이를 삼위일체설에 적용하자는 생각은 1869년에서 1870년 사이 바티칸 공의회에서 확정되었다.

이 해결책은 교회에 모인 양떼를 만족시킬 수 있을지 모르지만 비판능력이 온전한 사람을 납득시키지는 못한다. 이런 방식으로는 문제를 해결하지 못한 채 단순히 받아들여야 하기 때문이다. "이것은 신비입니다"라는 주문으로는 모순이라는 지적인 죄를 씻지 못한다. '3은 1과 같지 않다'와 '삼위일체는 하나의 일체다'라는 것은 양립할 수 없다. 이 두 가지를 동시에 믿는 것은 당신 자신을 속이는 일이다. 둘 중 한 가지 사실은 분명히 틀렸고, 3은 1과 같지 않다는 것은 반드시 참이므로 무엇이 그른지는 자명하다. 원한다면 마음대로 신비를 외치라. 하지만 그것으로 당신이 틀렸다는 사실이 달라지지는 않는다.

신비 책략의 허위성은 아무리 기이한 생각이라도 무엇에나 똑같이 적용할 수 있다는 사실로도 명백해 보인다. 누군가 당신 생각이 우리가 아는 모든 것과 모순을 일으키고, 근거는 아무것도 없는데, 어떻게 진리일 수 있느냐고 물으면 간단히 신비라고 대답하라. 이위일체론, 사위이체론, 이위일체의 삼위일체가 모두 신비로 받아들이기 좋은 것이다. 다른 설명은 불가능하거나 말도 안 되기 때문이다. 신비는 전적으로 무차별적인 믿음의 면허증이다. 오직 조리에 맞고 근거로 잘 뒷받침되는 것만 여기서 제외된다. 믿음을 속박 없는 자기표현의 문제라고 받아들이는 뉴에이저new ager에게 신비가 그렇게 멋진 이유도 아마 같을 것이다.

삼위일체가 신비라는 주장은 무익할 뿐 아니라 정직하지도 않다. 무엇이 잘못되었는지 명확하게 알 수 있다면 신비로울 것은 아무것도 없다. 매일 저녁에 해가 떠 아침에 진다는 생각에 신비로움은 없다. 단지 틀렸을 뿐이다. 누구라도 이 사실을 안다. 마찬가지로 아무리 교육 수준이 낮은 사람이라도 삼위일체설이 잘못되었다는 사실을 안다. 그 허위성을 알아보는 데 필요한 것은 오로지 3과 1은 같지 않다는 사실 하나다. 아니면 존의 아버지가 왕이면 존도 동시에 왕이 될 수 없다는 사실이다. 대부분의 기독교인도 이런 사실을 잘 안다. 진짜 미스터리는 왜 그들이 지적인 정직성을 갖지 못하느냐다.

세상에는 진짜 신비한 일로 가득하고 대부분이 한정적인 것이다. 예컨대 물고기가 어떻게 물속에서 숨 쉬는지가 신비하다고 말하는 것은 나처럼 물고기에 대해 잘 모르는 사람들에게 한정된 문제다. 물고기에 대해 더 많이 아는 사람들에게는 그것이 신비가 아니다. 그러나 보편적으로 신비로운 일도 있다. 만일 우주가 대폭발로 시작되었다면 빅뱅 이후 첫 10억분의 1초 안에 무슨 일이 일어났는지는 평생을 바쳐 이 문제를 연구한 사람을 포함해 모두가 풀수 없는 수수께끼로 남아 있다. 대부분의 사람들이 별 관심을 기울이는 문제는 아니지만 1815년 나폴레옹의 머리카락 평균 무게가 얼마였는지도 미스터리인데 아마도 영원히 풀리지 않을 것이다.

어떤 사람들은 신비에 크게 감동받고 열광한다. 그러나 한정적이든 보편적이든, 사소한 문제든 중요한 문제든 모든 신비는 순전히 무지에서 비롯된다. 그 무엇도 본질적으로 신비롭지 않다. 어떤 일을 신비하다고 할 때는 색이 초록이라거나 무게가 2그램이라는 사실에서 정보와 이해가 부족하다는 점을 드러낼 뿐이다. 한마디로 무엇인지 알아내지 못했다는 의미다. 이런 실패에 수치스러워할 필요가 없듯이 고귀한 것도 없다. 연구를 계속하거나 이해하기 불가능하다고 포기하는 것이 적절한 반응이지 이 문제는 신비하므로 아무렇게나 좋은 대로 믿어도 된다고 결론 내려서는 안 된다.

믿음이라는 이름의 편견

신비는 이미지에 도움이 된다. 신비해 보이는 것을 조심하라. 과학의 범위를 넘어서는 문제, 신과 피조물 사이의 관계가 이런 종류다. 뜨거운 공기를 넣은 풍선이 하늘로 떠오르는 것이나 달의 변화에 따라 조수 간만의 차가 생기는 것을 신비라고 말해서 스스로를 부끄럽게 하고 싶지는 않을 것이다. 그러나 적당한 주제에다 약간의 신비를 가미해 내놓으면 사람들의 마음을 충분히 흔들 수 있는 심원한 기운을 줄 수 있다.

그보다 더 나은 방법도 있다. 당신이 가진 편견을 숨기는 대신에 이것이 고결한 일이라고 당당하게 선언하는 것이다. 당신이 하는 일을 믿는 데는 이유도 없고 근거도 없고 논증도 없다. 그런 것이 있을 턱이 없다. 이것은 믿음의 문제니까!

이제 당신은 흔들리지 않는 우위를 취했다. 속삭이는 듯 간청하는 목소리로 말하라. 당신의 생각을 늘어놓는 동안 신실함에서 우러나온 고통이 약간 찌푸린 얼굴 표정을 통해 드러나도록 하라. 신성함이라고는 전혀 느끼지 못하고 독실한 믿음에 대한 존경심이라곤 없는 속물이 아니고서는 누가 당신에게 근거를 내놓으라고 하겠는가?

믿음이 깊다는 것이 얼마나 멋진가! 그러나 이것은 논란이 되는 의견이 옳은지 그른지 전혀 무관하다. 믿음이 주는 감정이 얼마나 섬세하든, 신앙심을 가진 사람이 아무리 고상하든 진리와 근거의 시각에서 보면 믿음이란 편견과 다를 것이 하나도 없다. 어떤 의견이 믿음의 문제라고 선언한다고 해서 새로운 근거를 제공하지도 않고, 이를 진리라고 받아들일 새로운 이유가 되지도 않는다. 순전히 아무것도 없다는 사실을 인정할 뿐이다.

의견의 근거를 대는 대신 믿음이 필요하다고 주장하는 사람들은 그 분야에 대해 아는 바가 충분치 않기 때문이다. 보기 좋게 자기를 비하할 뿐이다. "오, 신이여! 당신은 너무나 위대하고 저는 너무나 보잘 것 없습니다!" 같은 말로 말이다. 그러나 이런 자기 비하는 자기 패배이기도 하다. 이해가 불가능하다고 말하는 것은 그 문제에 대한 모든 의견이 순전히 편견에 지나지 않는다는 뜻이다. 당신의 편견을 믿음이라 부른다고 해서 나아지는 것은 아무것도 없다.

사실상 믿음의 문제라고 선언하는 것은 대개 자기 패배다. 단지 자기가 변론할 수 없는 주장에 대해서만 사람들은 믿음의 문제를 들먹거릴 것이다. 신발 크기, 자기 어머니의 성, 금의 원자량 같은 것을 믿음의 문제라고 선언할 사람은 없다. 누군가 자기 의견이 믿음의 문제라고 선언하는 순간 어떻게 생각해야 할지 당신은 이제 알 것이다.

파스칼의 내기는
승산이 없다

────

근거가 없는 것을 믿으라고 주장하는 가장 유명한 논증은 파스칼의 내기다. 파스칼은 근거만 봐서는 그럴듯해 보이지 않지만 기독교를 믿는 것은 합리적인 선택이라고 주장했다. 만에 하나 혹시라도 기독교가 진실이라면 영원한 구원을 얻을 수 있는 한편, 사실이 아니어서 신도 없고 천국도 지옥도 없다 해도 옳게 생각한 무신론자보다 나쁠 것은 별로 없다는 논리에서다. 하지만 신을 믿지 않는 경우, 그 생각이 틀렸다면 지옥에 가야 하고 기독교가 진실이 아니라 해도 헛다리짚은 기독교인보다 그다지 나을 것도 없다. 무신론자가 이기는 법은 절대로 없고, 질 경우에는 크게 진다. 하지만 기독교인은 내기에서 승리하거나 지더라도 크게 손해 보지 않는다. 다시 말하면 기독교가 진리일 가능성이 아무리 낮더라도 이 선택이 언제나 가장 최선이라는 주장이다.

이 논증에는 신성함이라곤 전혀 없다. 아니 오히려 속되다. 이런 계산에서 어찌어찌 예수를 사랑할 수 있게 된다 해도 그 사람이 과연 그 사랑에 대한 보답을 받을 수 있을지 의문이다. 내가 예수라면 그의 사랑은 짝사랑으로 끝날 것이다. 하지만 어쨌거나 별로 신경 쓸 필요는 없다. 파스칼 논증의 허점을 이제부터 까발릴 테니 말이다.

여기서 사실이라고 믿는 일이 합리적인 것과 옳다고 생각할 근거가 있는 것은 별개라는 점에 우선 주목하라. 이것이 이 논증의 핵심이다. 따라서 파스칼의 내기 논증은 신이 존재하느냐 존재하지 않느냐와 상관없다. 파스칼의 내기는 진실일 가능성이 아무리 희박하더라도 기독교가 가장 최선의 선택이라는 것을 입증하고자 한다.

그러나 이 논증은 사실이 아니며, 기독교 신자가 되는 것이 가장 남는 장사라는 것을 보여주지도 못한다. 자기 교리를 믿으면 영원한 축복이 따르고 믿지 않으면 영원한 고통이 따른다고 주장하는 모든 교리들은 파스칼의 내기 논증 방법으로 기독교와 똑같은 입장에 놓이게 된다. 이것은, 파스칼이 전제한 대로 오로지 기독교도와 무신론자만의 문제가 아니다. 이 선택은 믿는 자는 천국에 가고 나머지는 지옥에 간다고 주장하는 이슬람교를 포함한 모든 종교에 똑같이 해당된다. 파스칼은 무슬림이 아닌 기독교도가 되어야 할 근거를 제공하지 못한다. 둘 사이의 선택은 50 대 50이다.

설상가상으로 기독교의 천국 대 지옥에 대한 경쟁자가 이슬람교만 있는 것도 아니다. 애니드 블라이튼을 우주의 창조자로 추앙하는 사람만이 천국에 가고 나머지는 지옥에 간다는 블리토니즘도 있다. 물론 이 종교는 내가 만들어낸 것이지만 이런 종교도 '가능'하다. 파스칼의 내기 논증의 덕을 볼 종교가 왜 지금까지 나온 종교여야만 하는가? 파스칼이 기원전 2000년에 태어났다면, 그리고 그때 이 역설을 생각해냈다면 그 논증이 변호한 종교는 기독교가 아니었을 것이다. 마찬가지로 아무도 블리토니즘에 대한 근거가 부족함을 이유로 반대해서는 안 된다. 기독교, 이슬람교, 블리토니즘, 그 어떤 종교가 되었든 논쟁이 되는 교리가 그 자체만으로 반드시 믿어야 하는 근거가 충분치 않다는 것이 파스칼 논증의 출발점이 되는 가정이기 때문이다.

파스칼의 내기가 기독교만이 아니라 모든 기존 종교와 천국과 지옥이 있다고 내세우는 가능한 모든 종교들을 동등하게 지지한다는 사실을 알아챘다면 게임은 끝났다. 무한히 많은 종교들 모두 해당되는 논증이지 않은가. 어느 신을 선택하겠는가? 어떤 종교를 택해도 가장 나은 선택을 했을 확률은 반반(즉 둘 가운데 하나)이 아니라 무한 가운데 하나다. 당신이 선택한 그 종교 대 무한히 많은 천국 대 지옥 종교 나머지 모두의 내기인 것이다.

기독교를 포함해 가능한 종교 중 하나하나는 무한히 많은 복권 가운데 한 장과 같다. 각각의 내기가 최고의 내기가 될 확률은 동등하다. 다시 말해 확률은 극도로 낮다. 그리고 그런 희박한 확률은 가망이 없다는 뜻이다. 근거 없이는 모든 종교가 똑같이 승산이 거의 없다.

불확정성 원리와
초자연 현상의 관계는?

잭은 템스강 유역의 진흙을 가슴과 어깨에 듬뿍 바르면 암을 치료할 수 있다는 최근에 발견한 새로운 치료법을 거듭해서 주장했다. 질이 이 가설을 지지할 자료가 없다는 사실을 지적했다. 잭도, 그 누구도 적절한 통제집단을 두어 가설을 확인할 수 있는 반복 실험을 수행하지 않았다. 그러자 잭은 이른바 과학적 방법은 지식을 전달하는 데 특별히 필요치 않다고 응수하며, 과학의 문제점들을 덧붙이고 과학이 인류와 환경에 끼친 해악들을 열거했다.

잭이 과학에 대한 암울한 견해를 그대로 가지도록 내버려두자. 그러면 적어도 우리가 유행에 뒤지는 사람은 되지 않을 것이다. 과학자들이 칠칠맞지 않고 과학적 방법은 신뢰할 수 없으며 과학자들의 의도도 미심쩍다는 데에 동의한다고 하자. 그렇게 말하는 것이 잭을 기쁘게 할지는 모르지만 그의 의학적 가설에 도움이 되는 것은 아니다. 과학이 형편없다는 것이 사실일 수도 있지만 몸에 진흙을 바르는 일이 실제로 암을 치료할지는 의문이다.

과학적 방법이 신뢰할 수 없다면, 지구가 태양을 돈다거나 빛이 소리보다 빠르다는 등 지금 타당하다고 여기는 많은 생각들도 마찬가지로 타당하지 않아진다. 그러나 과학이 대중의 오해로 정당함을 잃었다고 해서 과학을 탐탁지 않게 여기는 사람이 내세운 근거 없는 가설이 정당해지지는 않는다. 과학의 명성이 실추되었다는 잭의 생각이 충분히 옳을 수도 있지만 이와는 상관없이 진흙으로 암을 치료할 수 있다는 그의 가설은 추측일 뿐이다.

이렇게 과학에 반하는 책략을 반대 의견을 비롯한 어떤 주장을 옹호하기 위해 이용했음을 누가 봐도 알 수 있다. 잭은 인류의 문명이 외계인으로부터 시작되었고, 외계인이 우리 조상에게 불, 바퀴 등을 가르쳤다고 주장한다. 질은 지금은 멸종된 말하는 당나귀가 인류에게 이런 지식을 알려줬다고 주장한다. 잭과 질 모두가 과학의 독재에 항거하고 있지는 모르겠지만 인류 문명의 역사에 관해서 옳은 생각을 가지고 있지는 못하다.

섣부른 가설을 즐겨 세우는 사람이라도 비과학적으로 보이고 싶어 하지는 않는다. 이런 사람들의 무기는 언제나 양자물리학이다. 양자물리학이 과학임을 의심하는 사람은 없다. 이 분야에서 노벨상을 받은 이도 있다. 하지만 보라! 이 학문에서 말하는 것은 완전히 정신 나간 소리다. 따라서 내 생각처럼 미친 생각도 완벽하게 과학적이다.

무슨 소리인지 모를 글을 쓸 때 양자물리학에 대한 헌사로 시작하지 않는 경우는 드물다. 그런 예로 라이얼 왓슨은 《초자연 : 자연의 수수께끼를 푸는 열쇠》에서 이런 주장하면서 시작했다.

과학은 더 이상 절대적인 진리를 포함하지 못한다. 과거에는 의심 없이 받아들여지는 법칙이었던 물리학조차도 불확정성 원리의 모욕에 굴복해야 했다. 이런 불신의 분위기에서 기본적인 전제까지

도 의심받기 시작했고, 자연현상과 초자연현상 사이의 옛 구분도
무의미해졌다.[7]

여기서 자연현상과 초자연현상의 옛 구분이 무엇인지는 알려주
지 않는다. 하지만 새로운 불신의 분위기에서는 이 구분이 무의미
해졌으므로 추측컨대 그것은 우리가 믿어도 될 이유가 있는 일과
그렇지 않은 일 사이의 구분일 것이다. 일단 그 구분이 무의미해졌
으므로 글쎄, 다들 일단 안전띠를 꽉 붙들어 매라.

양자물리학이 과학적 추론에 진짜로 암시하는 것이 무엇인지
고려해보기 전에 《초자연 : 자연의 수수께끼를 푸는 열쇠》 머리말
에 먼저 주목해볼 만하다. 이것이 시종 자기 생각을 바꾸는 사람의
기가 막힌 예이기 때문이다.

당신이 계속해서 말하고자 하는 것으로 시작하라. "과학은 더 이
상 절대적인 진리를 포함하지 못한다" 같은 터무니없고 명백한 거
짓말로 포문을 열라. 그렇다면 이것은 어떤가? 빛은 소리보다 빠
르다. 이것은 과학적 발견이고 진리다. 여기에 절대적 진리라고 덧
붙이는 일은 의미가 없다. 진리는 언제나 절대적이기 때문이다. 대
머리인 사람들 가운데는 다른 사람보다 머리가 더 많이 벗겨진 사

---

7 L. watson, 《Supernature》, London, Hodder and Stoughton, 1973, p. ix.

람이 있을 수 있다. 하지만 이와는 다르게 진리의 말은 진실의 정도가 다르지 않다. 하나의 진술은 절대적 진실이거나 아니면 진실이 아니다.[8] 앞에서 예로 들었던 진리를 생각하라. 이것이 어떻게 부분적으로 진리일 수 있는가? 빛은 소리보다 빠르거나 느리거나 아니면 같은 속도로 움직인다. 어떤 상황에서도 빛이 빠르다는 주장이 부분적으로 옳을 수는 없다. 이런 주장은 절대적으로 옳든 절대적으로 그르든 하나다.

'절대적'이라는 말은 허위에 혼돈을 일으키기 딱 좋은 말이지만 혼돈은 거기서 끝나지 않는다. 과학이 '더 이상' 절대적인 진리를 담지 못한다고 말함으로써 왓슨 박사는 전에는 과학이 그랬다고 암시한다. 어떻게 그 일이 가능한가? 절대적으로 옳은 것은 명백하게 거짓이 될 수 없다. 정신이 아찔하다. 과학이 절대적 진리를 담았던 날 이후로 자연법칙이 바뀌었단 말인가?

짐작컨대 왓슨 박사의 말은 예전에는 과학자들이 옳다고 믿었던 것 가운데 오늘날에는 틀렸다고 간주되는 것이 있다는 의미였을 것이다. 그가 그렇게 간단히 말하지 않은 것도 유감이지만, 과

---

8 그러나 거짓에는 정도의 차가 있다. 당신이 개를 한 마리 기르는데 내가 당신이 개 두 마리를 기른다고 말한다면 내 말은 거짓이다. 하지만 내가 당신이 개를 만 마리 기른다고 한 것만큼 큰 거짓말은 아니다. 그럼에도 이 문제에 진실인 의견은 오직 하나뿐이다. 즉, 당신은 개를 한 마리 기른다는 것이다. 또한 여러 진술이 있을 때도 부분적으로 옳을 수 있다. 그 진술에서 일부는 옳고 일부는 옳지 않은 경우다. 그렇다고 하더라도 개별적 진술은 절대적으로 옳거나 (어느 정도까지) 거짓이다.

학자들이 자기 견해를 수정한다는 별것도 아닌 이 말이 초자연적인 현상에 관한 책을 시작할 서언으로 쓸 만한 관찰은 아니라고 생각한다.

우리는 첫 문장에서 벌써 명백한 거짓 하나와 심각한 혼돈을 일으키는 말 두 가지를 보았다. 이제 두 번째 문장이다. "과거에는 의심 없이 받아들여지는 법칙이었던 물리학조차도 불확정성 원리의 모욕에 굴복해야 했다." 물리학 법칙이 의심 없이 받아들여지던 시기가 있었다는 주장에서 대부분의 과학 역사학자들이 포복절도하겠지만 왓슨 박사가 불확정성 원리를 오용한 데 비하면 우려할 일도 아니다. 불확정성 원리는 왓슨 박사의 글에서 강하게 시사하는 바 대로 물리학 법칙이 불확실하다는 원리가 아니다. 아원자입자의 특정 성질에 관한 것으로, 예를 들자면 그 위치와 운동량을 동시에 측정할 수 없다는 원리다. 언제든 아원자입자에 관한 이 사실 가운데 하나는 우리가 알 수 없다.

이 원리로 과학이 진실을 담지 못한다는 것이나 자연과 초자연 사이의 관계를 구분하는 일이 무의미하다는 것을 어떻게 입증할 수 있는지 도무지 이해되지 않는다. 이 원리를 제시한 이가 '측정 제약 원리' 같은 이름을 붙였더라면 아마도 왓슨 박사가 이런 터무니없고 논리적으로 모순되는 주장을 시도하지 않았을지도 모른다. 이는 '불확정성'이란 단어로 가치도 없는 말장난을 한 데에 불과하다. 하지만 이 부분만 그럭저럭 참고 넘기면 이 책의 나머지 부분은 상당히 편안하게 넘어간다.

왓슨 박사의 불확정성 원리 놀음은, 양자물리학이 이상해보이지만 진실임을 역설함으로써 일관성과 관찰 근거라는 표준이 과학에서 더 이상 필요 없음을 보여주었다는, 모호하지만 널리 알려진 생각을 오용하려고 한다. 우리는 어떤 기준이 쓸모없어졌다는 사실이 거기에 부합하지 못하는 주장의 타당성을 보여주지는 않는다는 것을 이미 확인했다. 양자물리학이 과학적인 문제의 기준에 실제로 아무런 영향도 미치지 않았다는 사실은 더더욱 근거가 되지 않는다.

난해한 언어를 즐기는 사람을 몹시 흥분시키는 불확정성 원리는 바로 양자물리학의 코펜하겐 해석이다. 이 해석의 불확정성 원리와 여러 요소는 우리의 일반 상식과 모순된다. 적어도 우리의 감각기관만으로 관찰할 수 있는 중간 크기 물체의 세계에 관해서는 그렇다. 양자 물체들이 우리가 보통 배재된다고 여기는 상태에서 동시에 존재한다는 중첩superposition과 이 상태 가운데 하나로 이른바 붕괴를 일으킨다는 관측의 역할은 이해하기가 몹시 어렵다. 대다수의 시각으로는 양자물리학의 코펜하겐 해석은 정말이지 기이해 보인다.

그러나 이 난해함이 의도적으로 이상한 생각을 취하는 사람에

나쁜 생각

게 핑계거리가 되어서는 안 된다. 코펜하겐 해석의 이상한 요소는 물리학자들이 수용할 수밖에 없기 때문에 받아들이는 종류의 것이다. 관측적인 근거가 그러하기 때문이다. 코펜하겐 해석은 고의적으로 특이하지 않다. 관찰로 얻은 근거를 설명하려는 시도다.

양자물리학의 기이함은 지적인 난투극의 예라기보다는 과학적 방법의 독재에 더 가깝다. 그럼에도 더 중요한 점은, 거기에 우리가 이해하기 어려운 요소가 포함되어 있을지는 몰라도 양자물리학의 진정한 해석은 역설을, 즉 모순을 일으키는 일련의 진술들을 포함하지 않는다는 것이다. 그럴 수가 없다. 비록 우리가 보기에 아무리 사소해 보일지라도 역설이 불가능하기 때문이다. 양자물리학의 철학은 상당 부분 그 역설이 단지 겉으로만 그렇다는 것을 입증하고 있다.

내적 일관성과 관찰을 통한 근거는 다른 과학자에게 요구되는 것 못지않게 양자물리학자에게도 요구된다. 양자물리학을 해석하는 데 어떤 문제가 있다거나 아니면 실제로 지적인 문제가 조금이라도 있다는 것은 우리가 계속해서 일관성과 근거에 관심을 가지기 때문이다.

환생, 영적 여행 등 자기가 좋아하는 이상한 생각이 양자물리학의 지적인 동반자라고 생각하는 사람은 누구나 양자물리학을 읽

어보아야 한다. 미몽에서 깨어나는 경험을 하게 될 것이다.[9]

"그렇지만 여전히"

많은 중산층 인종차별주의자들이 자기가 경멸하는 인종 구성원을 존중한다. 적어도 말은 그렇게 한다. "내게는 흑인 친구가 많습니다. 사실 내가 만난 흑인은 대부분이 좋은 사람이었어요. 그러나 전체적으로 보면 흑인은 게으르고 폭력적이라는 사실을 인정해야 합니다." 아마도 마지막 말이 생략된 이런 식의 거짓말이 더 흔하다. 그냥 당신에게는 흑인 친구가 많은데, 알고 있듯이 모두가 게으르고 조금 폭력적일 것이라고 말해라.

인종적인 특징이라는 문제에 대한 이런 접근은 합리적인 것 같다. 그러나 충분히 합리적인 사람이라면 정반대의 관점에서 그 말의 의도를 인식할 것이다. 지금까지 만난 흑인이 모두 나쁜 사람이었다고 지적하는 실수는 저지르지 말라. 경험을 근거로 흑인이 모

---

9 많은 독자들이 이 책을 대단히 흥미롭다고 생각할 것이다. 주제는 극히 어렵고, 거기에 적절하게 몰입하려면 통계학도 잘 알고 있어야 한다. 의지가 강한 독자에게 나는 마이클 레드헤드의 《불완전성, 비국지성 그리고 현실성—양자물리학의 철학에 대한 서언(Incompleteness, Nonlocality and Realism: A Prolegomenon to the Philosophy of Quantum Physics)》, (Oxford, Clarendon Press, 1987)를 추천한다.

두 악한이라고 결론지으면 최악의 편협함을 보이게 될 것이다. 당신은 흑인들이 전반적으로 고약하다는 결론을 적절하게 이끌어낼 만큼 많은 수의 나쁜 흑인을 개인적으로 충분히 많이 알 수 없다. 아니, 우선 당신의 제한적인 경험으로 볼 때는 흑인들이 대체로 점잖고 호감 가는 사람이었음을 인정해야 한다. 그다음에 흑인이 전체적으로 구제할 수 없는 악당이라고 결론내릴 수 있다.

이 책략은 인종차별주의자들이 가장 많이 쓰기는 하지만 다른 모든 종류의 편협한 사람들도 즐겨 이용한다. 당신 생각과는 반대되는 견해에 대한 근거가 나오면 귀를 쫑긋 세우고 잘 안다는 듯 고개를 끄덕이라. 간간이 당신이 경험도 근거로 보태라. 그런 다음 마법의 말 "그렇지만 여전히"를 꺼내라.

그렇다. 상사는 당신에게 교육받을 기회도 주었고, 잠깐 휴식 시간이 필요한지도 물어봐주었으며, 몇 가지 경고도 했다. 그렇지만 여전히 그는 당신을 해고해버렸다.

'그렇지만 여전히'는 논리적 반전의 도구이고, '그러므로'를 되받아치는 말이다. "그러므로 잔디는 파래요"라고 말하는 사람 쪽으로 근거가 기우는 듯싶으면 당신은 "그렇지만 여전히 잔디는 붉어요"하고 말할 수 있다. 논리적 무기 '그렇지만 여전히'만 있으면 당신은 근거가 없다고 두려워할 필요가 없다. 만일 근거가 당신 주장에 맞는다면 '그러므로'를 쓰고, 맞지 않는다면 '그렇지만 여전히'를 써라.

편견 책략에서와 마찬가지로 '그렇지만 여전히'는 어떤 것이라도 될 수 있다. 근거에 의하면 잔디는 푸른색이다. 좋다. 그렇지만 여전히 잔디는 붉거나 푸르거나 내가 좋아하는 어떤 색깔도 될 수 있다.

근거를 무시하는 데 신랄한 사람을 위해 구어체는 '그렇지만 여전히'를 상대할 말들을 제공한다. 당신은 이미 당신의 의견이 잘못되었음을 암시하는 그럴듯한 근거를 들고 왔을 것이다. 이걸 어째, 오늘 아침에만 해도 벌써 두 번이나 "그렇지만 여전히"를 들었다. 이제는 이 말을 하라. "네, 네, 물론이죠. 그렇지만 결국에는 당신은 그것(여기에 의견을 넣어라)을 인정해야만 합니다."

단도직입적으로 말을 뒤집는 것 말고도 제외해나가는 방법도 있다. 몬티파이튼 시리즈영국의 코미디 그룹 몬티파이튼이 1969년부터 1983년까지 만든 텔레비전 시리즈-옮긴이의 〈브라이언의 삶The Life of Brian〉에서 이 책략을 풍자했다. 유대민중전선의 지도자 레그는 "로마인들이 우리를 위해 해준 게 뭐야?"라고 묻는다. 물론 그는 동지들이 일제히 "아무것도 없지!"라고 큰소리로 합창하기를 기대하며 그 질문을 던졌다. 하지만 기대와는 다르게 혁명 동지 하나가 반듯한 로마의 도로를 언급한다. 레그는 인정한다. "음, 그래. 도로가 있었지. 그렇지만 그것 말고 로마인이 우리를 위해 해준 일이 도대체 무엇이냐?" 누군가가 또 외친다. "위생 시설!" 다른 사람들도 로마인들이 생활을 개선해준 것들을 줄줄이 댄다. 하지만 레그는 절대로 포기를 모른다. "좋아. 위생 시설, 의료, 교육, 와인, 공공질서, 도로, 상수시설, 공중보건을 빼고 로마인들이 우리를 위해 해준 것이 뭐가 있는가?"

영화 밖에서 이것을 가장 많이 접하는 경우는 사업가와 정치가들이 자신이 원하지 않는 결론, 자신들의 능력이 모자랐다든가 등을 배제하려 할 때다. "돼지 옆구리살의 미래에 투자한 2억 달러의 손실을 제외하고는 지난해에 거둔 이윤은 건실한 1억 달러입니다."

그러나 돼지 옆구리살의 미래에서 2억 달러를 손실했다면 연간 결산은 1억 달러의 이윤이 아니라 1억 달러 손실이다. 왜 우리 주주들이 이 손실을 계산에 넣지 않아야 하는가? 이것은 정말 유별나다. 유별나게 나쁘다. 이 손실을 경영 평가에서 빼야 할 이유는 없다. 훌륭한 성과를 냈어도 같은 방식으로 제외할까? "만일 당신이 캘리포니아 돼지 농장에서 낸 2억 달러의 이윤을 무시한다면 우리의 성과는 실망스럽게도 1억 달러의 손실입니다"라는 식의 말은 자주 듣지 못할 것이다.

어떤 근거는 이 방향으로, 다른 근거는 반대 방향으로 근거들이 뒤섞여 있을 수도 있다. 이런 상황에서도 다른 결론보다 더 합리적인 결론을 내릴 수 있다. 평균적으로 본다면 결국 근거는 한 가지 결론으로 나간다. 그러나 자기 목적에 부합하지 않는 근거는 무시해서 결과에 영향을 준다면 이는 속임수다. 근거를 무시할 수 있는 경우는 신뢰할 수 없을 때뿐이다. 과학자들은 긍정적인 결과를 얻었더라도 실험 기구에 오류가 있다는 사실을 발견하면 그 결과는 폐기한다. 옳은 일이다. 이것은 다른 결과를 이끌어내고 싶다는 이유만으로 근거를 보고도 무시해버리는 일과는 완전히 다른 이야기다.

자명하다는 말은 자명하지 않다는 뜻이다

———

어떤 것은 오로지 거짓일 때만 언급된다. '원조 영국 펍'이라는 어디서나 볼 수 있는 간판이 그중 하나다. 진짜 원조 영국 펍은 이런 간판을 내걸지 않는다. '두말하면 잔소리인 일'은 말해서 더 나아질 것이 없다. 말할 필요가 없는 일은 말하지 않아도 다 안다. 무엇인가 말해야 한다고 느낀다면 두말하면 잔소리인 일이 아닐 것이다.

마찬가지로 누군가가 자기 의견이 자명하다거나 명백하다고 말한다면 의심해봐야 한다. 명백하다면 왜 그가 그 점을 지적해야 한다고 느끼겠는가? 그냥 말하라. 그 말에 깃든 명백함은 저절로 드러날 것이다. 그 말이 사실은 명백하지 않다면 그의 주장은 아마도 전혀 근거가 없다는 것을 흐리려는 의도에서 나왔을 것이다. 어떤 딱한 사람이 자신을 광고하기 위한 자화상에 재치 있는 말을 멋지게 써넣고 싶지만 할 말이 없는 경우 GSOH훌륭한 유머감각라고 쓰는 경우가 그렇다. 훌륭한 유머감각처럼 근거는 단지 그렇다고 주장할 때보다 드러날 때 언제나 더 설득력 있다.

허위 주장이 명백하게 드러나는 가장 뻔뻔한 예는 미국 독립선언문 제2절이다.

> 우리들은 다음과 같은 사실을 자명한 진리로 받아들인다. 모든 사람은 동등하게 태어났고, 창조주에 의해 몇 가지 양도할 수 없는 권리를 부여받았는데, 그 권리 가운데는 생명과 자유와 행복의 추구가 있다.

이 선언은 아마 옳을 수도 있고 그렇지 않을 수도 있다. 여기서 그 점을 모두 논할 수는 없다. 그러나 이것은 자명한 진리가 아니다.

모든 사람이 동등하게 태어났다는 주장을 살펴보자. '동등'이란 말은 여기서 특별한 의미로 쓰였음에 틀림없다. 어떤 일이 단순히 동등하다고 말하는 것은 (수치가 아닌 경우) 보통 사용하는 어법이 아니기 때문이다. 무엇이 어떻게 동등한지를 말해야 한다. 즉, 동등하게 키가 크다거나 동등하게 푸르다거나 동등하게 둔감하다. 단순히 사람이 동등하다고 말하는 것은 무슨 뜻인가? 어떤 진술이 이해하기조차 어렵다면 분명히 자명하지 않다.

여기서 말하려는 의미는 법으로 동등한 대우를 받을 권리가 있다거나 이와 비슷한 뜻일 것이다. 그러나 이런 종류의 법리적 원칙은 오늘날까지도 논쟁거리다. 1776년에 이 글을 읽은 사람들은 참으로 이상하다고 여겼을 것이다. 게다가 이 선언문을 쓴 사람들을 포함해 많은 미국인이 노예를 소유하고 있었다. 너도 나도 노예를 소유한 나라에서 모든 사람이 법 아래 동등한 대우를 받을 자격이 있다는 말이 자명할 수 있을까?

자명한 진리가 될 수 있는 진술은 "나는 금방 웅덩이에 빠졌어요" 아니면 "이 차는 뜨거워요" 같은 것이다. 대부분의 사람들이 전에 들어본 적이 없거나 이해할 수 없는 정의의 대원리는 말하자면 없다. 그 원리에 대한 근거나 증거도 실제로 찾기 매우 어렵다. 그 분야에서 연구하는 철학자들도 그렇게 말할 것이다. 따라서 그 일이 자명하다고 선언하고자 하는 유혹이 따른다.

이 장에서 살펴본 책략들에는 그 관계를 알아보는 데 도움이 되는 공통적인 약점이 있다. 그것이 논거로 제시된 의견만이 아니라 반대되는 의견에도 적용된다는 것이다. 바로 이 점이 그 의견을 무가치하게 만든다. 모든 의견을 똑같이 지지하는 근거라면 결국 아무것도 지지하지 못한다.

근거가 없음을 확인해볼 수 있는 다른 시험은 '도덕적 서열moral positioning'이다. 어떤 의견을 옹호하는 사람이 그 주제에 대해 깐깐하게 군다고 생각되는가? 그 정도가 파트와fatwa, 이슬람법 저촉 여부를 해석하는 이슬람 판결. 법적인 판결이 아니라 종교적인 판단에 불과하지만 무슬림이면 누구나 종교적 의무로 파트와를 따른다-옮긴이에 이르지는 못하더라도, 상류 사회의 친구를 가지기 원하는 사람이라면 물러서라고 더 미묘한 방식으로 암시할 수 있다. 이때 이 문제를 강하게 밀어붙인다면 기분을 상하게 할 것이다.

건전한 논증과 근거로 자기 입장을 옹호하는 사람에게는 이런 감상을 볼 수 없다. 어떤 사람에게 발 크기가 9260~270밀리미터 사이즈로 보이지 않는다고 말해보라. 그러면 그 사람은 신발 박스를 보여주거나 자기 발을 9 사이즈인 다른 사람 발에 대보면서 기꺼이 당신 말이 틀렸음을 입증할 것이다. 이런 책략은 자기 의견을 옹호할 수 없고 진실을 믿는 일에 관심도 없을 때, 단지 좋은 태도로 논의를 끝내려고 할 때 쓰인다. 종교, 정치, 성 문제에 진지하게 접근하려는 사람은 이 주제를 꺼내지 말라는 일반적인 금기를 따르지 않는다. 또한 그들은 자기 의견이 틀렸음이 밝혀져도 기분 나쁘게 받아들이지 않는다.

논쟁하다 당신이 틀렸다기보다는 둔감해진 것처럼 느끼기 시작한다면, 아마도 상대편이 점잔 빼기를 좋아하는 편협한 사람일지도 모른다.

악당이 되어야 그의 실체를 노출시킬 수 있을 것이다.

**5
장**

"시끄러워"

—

논박

국가 보조금을 받는 야마 농장이 영국 데번주의 경제 불황을 타개할 것이라는 당신의 의견에 남편이 아줌마가 뭘 아느냐는 식으로 반응했다고 하자. 남편은 분명히 논리적인 실수를 저질렀다. (또한 다른 실수도 저질렀다.) 설령 당신이 한낱 아줌마라고 해도 국가 보조금을 받는 야마 농장이 바로 데번에 필요한 것일지도 모르기 때문이다. 게다가 두 진술은 상반되지도 않는다. 남편은 논쟁에서 이기지 않았을 뿐더러 당신의 의견을 논박하지도 않았다.

그러나 다른 면에서 남편은 야마 논쟁에서 이겼을 것이다. 영국 남서부 지방의 농업 개혁에 특별히 헌신적이지 않은 이상 당신은 남편의 일침으로 원래의 가설에서 벗어나 다른 주제로 화제를 돌

"시끄러워"

렸을 테니 말이다. 물론 당신이 일반적인 감성을 지녔다면 남편의 말에 당장 조용해졌을 것이다. 거친 남편은 당신이 논점을 포기하고 입을 다물게 했다는 점에서 결국 논쟁에서 이겼다.

물론 예의 바른 당신은 그런 악당과 결코 결혼하지 않을 것이고 단순히 알고 지내지도 않을 것이다. 그럼에도 당신은 당신의 견해가 틀렸음을 입증하지도 않는 반박에 입을 다물어야 했던 경우가 있었을 것이다. 더 정확히 말하자면 당신의 친구와 가족, 국회의원들 또한 친절하고 교양 있는 사람들이기 때문에 거칠지 않게 돌려 말했을 것이므로 그것을 적절한 논박으로 착각하기 쉬웠을 것이다. 이 장에서는 흔히 논박으로 통하는 세 가지 종류의 폭력적인 말에 대해 이야기할 것이다. 이것들은 아내를 아줌마 취급하는 말보다 예의바르다고 해서 더 논리적이지도 않다.

그런 말할 자격이 없다

터너상은 영국에서 가장 저명한 현대미술상이다. 매해 후보자가 네 명으로 압축되면 그들의 작품이 런던 미술관에 전시되고 몇 주 후 수상자가 발표된다. 이 행사가 열릴 때마다 현대미술의 예술적 가치를 놓고 일종의 의례적인 논쟁이 불거진다. 어떤 사람들은 현대미술 작품이 전혀 예술적이지 않다고 하고, 다른 사람들은 예술이긴 하지만 극도로 형편없다고 한다. 전시된 작품을 옹호하는 이들은 이런 두 가지 반응을 이끌어내기 때문에 훌륭한 예술이 분명하다고 말한다. 이 논쟁은 참가자들에게 무척 재미있으나 보통 정치인은 참여가 허락되지 않는다. 그러나 2002년에 지각없기로 악명 높은 새 문화부 장관 킴 하웰이 이 논쟁에 살짝 발을 들여놓았다. 그는 관람객 전시평에 이 네 후보자 모두 상 받을 가치가 없다고 휘갈겼다. 더 정확하게는 이 작품들이 "차갑고 기계적이고 개념적인 엉터리다"라고 주장했다.

그냥 넘어갈 수 없는 사건이었다. 시민(납세자)들은 어떻게 생각했을까? 최종적으로 터너상 수상자가 된 키스 타이슨은 장관이 더 나은 작품을 내놓을 수 없을 것이라고 지적하며 이 의견을 부정하며 반박했다. 더 정확하게는 하웰 장관이 기부한 그림은 "부자연스럽고 … 재미라곤 없으며 생명력이 결여된 중류층의 졸작으로 〈데일리 메일〉의 '진짜' 예술 대회에 출품되면 수상 가능하다"고 혹평했다.(〈가디언〉 2003년 2월 4일)

무자비하고 부적절한 의견이다. 하웰 장관은 자기가 터너상을 수상해야 한다고 주장하지 않았다. 최종 후보자 명단에 든 예술가들이 상을 받을 자격이 없다고 말했을 뿐이다. 이와 그의 예술적 능력은 전혀 무관하다. 그가 형편없는 예술가일 수도 있고, 최종 후보자들의 작품이 "차갑고 기계적이며 개념적인 엉터리다"라는 주장이 옳을 수도 있다. 예술적 한계를 폭로함으로써 하웰을 조용하게 만들어 논쟁에서 이겼을지는 모르지만 문화부 장관으로 예술가에게 조소를 받은 것은 분명 고통스러웠을 것이다. 그러나 이런 유치한 "당신이 더 잘할 수 있어?"라는 반응은 폭력이고 협박이지 반박은 아니다.

"당신이 그런 말할 처지는 아니지"라는 말도 이 못지않게 흔한 반응이다. 뚱뚱한 잭이 질에게 요즘 몸무게가 느는 것처럼 보인다고 말하자 질은 "네가 그런 말할 처지는 아니야"라고 대꾸했다. 글쎄, 잭이 그런 말할 처지가 아닌지 모른다. 아마 너무 살쪄서 입술을 움직이려면 온 힘을 다해야 하는지도 모르겠다. 하지만 어쨌든 실제로 질의 몸무게가 늘었을 수도 있다. 이와 잭의 체중은 무관하다. 질은 잭의 말을 논박한 것이 아니라 그를 매도했다.

"당신이 그런 말할 처지는 아니지"란 대꾸에 담긴 빈곤함을 이보다 명백히 보여주는 말은 없을 것이다. 바로 "겨 묻은 개가 똥 묻은 개 나무란다"라는 속담이다. 똥 묻은 개는 물론 더럽다! 무척 안된 일이기는 하지만 그렇다고 겨 묻은 개의 더러움이 없어지지는 않는다.

이런 말들은 클리셰다. 하지만 이 오류가 담긴 말을 쓰는 사람만이 이런 실수를 저지른다고 생각하지 말라. 대중적 논쟁에서 변호인에게 그런 말할 자격이 없다고 주장함으로써 반론할 수 있다는 생각이 만연되어 있는데, 특히 인종 관련 문제에서 그렇다.

잭은 뚱뚱하기 때문에 다른 사람의 비만을 거론해서는 안 된다. 그러나 인종 문제에서는 반대다. 인종적 특징이나 인종에 영향을 주는 문제는 그 인종 구성원만이 언급할 수 있다. 이 책을 쓰는 동안 세간의 이목을 끈 그러터 대 볼린저 사건에 관한 소식이 들었다. 미국 대법원이 대학 입학에서 흑인 지원자에게 주는 혜택을 합헌이라고 판결한 것이다. 부시 전 대통령의 최고위층 흑인 장관과 보좌관 세 사람콜린 파월, 로드 페이지, 콘돌리자 라이스의 의견이 AP 기사로 실렸다. 한 사람은 특혜 입학에 찬성했고, 다른 한 사람은 반대했으며, 또 한 사람은 분명한 의견을 표명하지 않았다. 그들이 왜 그런 입장인지는 기사에 나와 있지 않았다. 이 논쟁의 당사자 모두가 텔레비전과 신문에서 공개적으로 흑인의 지지를 받고자 애를 썼다. 이 사건이 딱히 특별한 일은 아님을 당신도 알 것이다. 이것이 바로 오늘날 민감한 사안에 대해 대중적 논의가 이루어지는 방식이다.

이런 현실에는 그럴 만한 이유가 있을 것이다. 또한 현대사회의 복잡하지만 합리적으로 잘 이해되는 다른 모든 발언에 대한 자격도 마찬가지다. 그러나 그 이유가 무엇이든 간에 말할 자격이 있는 사람만이 진실을 말할 수 있는 것은 아니다. 특혜 입학 정책이 합헌이냐 아니냐는 문제의 양쪽 의견에 모두 흑인 지지자가 있다는 사실에서 알 수 있듯 동의하거나 반대하는 것은 인종과는 별개의 문제다.

우리 대부분은 동료의 성격이나 가족의 사소한 단점을 관찰해 비평하기를 즐긴다. 하지만 제삼자가 그처럼 비평하면 기분이 상한다. 그러나 당신이 한 말이 맞다면 제삼자가 한 말도 맞다. 옳은 말과 신경과민을 혼동해서는 안 된다. 마찬가지로 실수와 무례를 뒤섞어 생각해서도 안 된다.

당신 말은 지루해

의견의 오락적 가치는 소모적이다. 같은 말을 듣고 또 듣다 보면 지루해진다는 말이다. 하지만 의견의 진실적 가치는 닳지 않는다. 어떤 의견이 처음 나왔을 때 참이라면 여러 번 나온다고 해서 거짓이 되지 않는다. 그러나 전에 들었다는 것이 어떤 의견을 반박할 이유가 되는 것처럼 그 말을 거부하는 일도 흔하다. 진부하다, 지루하다, 뻔하다, 지겹다 등의 이유로 의견과 토론을 막는다. 마치 라디오 드라마나 스트립쇼라도 논하는 양 이런 반론이 가볍게 이루어지지만 어떤 의견의 진실성을 고려할 때 그것은 전혀 관계가 없다. 화자는 부끄러워서 입을 다물지 몰라도 그렇다고 해서 그의 의견이 거짓이 되지는 않는다.

반대로 대부분의 진리는 익숙해지고 재미없어지는 경향이 있다. 지구가 언제나 태양 주변을 돈다는 생각에 흥분하는 사람은 없다. 그러나 그 사실로 싫증났다고 태양계의 구조를 바꾸지는 못한다. 마찬가지로 지어낸 많은 이야기들이 입이 딱 벌어지게 재미있거나 적어도 읽기에 지루하지는 않다고 해서 그것이 허구라는 사실이 달라지지 않는다.

또한 최고의 반증은 따분할 정도로 명백한 사실에서 나오는 경향이 있다. 어떤 의견을 반박할 때 잘 알려진 사실과 일치하지 않음을 보이는 것보다 더 잘 논박할 수 있는 방법이 있을까? 물론 잘 알려졌든지 아니든지 간에 진실과 맞지 않는 것은 이론의 허위를 밝힌다. 그러나 진실 그 자체가 논쟁거리는 아니기는 해도 기존의 이론과 모순되는 진실을 선택할 때 우리는 불필요한 논쟁 다툼을 피하려고 한다.

예를 들어 마르크스주의는 초기에 자본주의의 불가피한 결과를 예측하는 수많은 주장을 했다. 그 가운데 하나가 자본주의가 가장 발달한 사회, 즉 영국에서 프롤레타리아 혁명이 일어난다는 것이었다. 또 하나는 노동자들이 자신의 노동력으로 생산한 상품으로부터 소외당한다는 예측이었다. 두 번째 주장이 의미하는 바가 정확히 무엇인지는 모르겠지만 하루 종일 논쟁할 수 있는 흥미로운 생각이라고 확신한다. 이것은 결과적으로 마르크스주의를 비판하기 어렵게 만들었다. 노동자들은 자기 노동력의 생산물로부터 소외당하지 않았으므로 마르크스주의가 틀렸을지도 모른다. 그러나 누가 알겠는가? 아마 지겨울 정도로 잘 알려진 사실, 프롤레타리아 혁명이 자본주의 사회인 영국이 아니라 봉건주의 사회인 러시아에서 처음 일어났다는 데에 매달리는 것이 나을 것이다.

지루할 정도로 익숙한 사실로부터 논박을 시도하는 것은 약점이 아니라 강점이다. 그러나 (문학, 사회학 등) 인문학에서는 도발적이고 흥미로운 것이 유행하고, 정확하게 이런 이유로 많은 논쟁이 묵살된다. 일례로 대부분의 인문학 학생들과 많은 학자들이 진리란 문화적으로 상대적이어서 진실이 무엇인가는 관련된 문화에서 일반적인 견해가 무엇이냐에 따라 달라진다고 주장한다. 이런 진리 상대주의는 예컨대 서기 900년에 지구가 태양 주위를 돌았다는 사실처럼 잘 알려진 진리와 일치하지 않는다. 문화 상대주의에 따르면 반대로 900년에는 태양이 지구를 돌았다. 당시 사람들이 믿은 것이 진실이어야 하는 것이다. 이렇게 잘 알려진 사실과 모순되는 것은 항상 상대주의의 심각한 문제였고, 나는 여러 논쟁(과 책)에서 이 점을 지적했다. 그러나 사실 상대주의자들은 그런 지적에 조금도 괘념치 않는다. 진부한 관찰에서 나온 빤한 반대라는 반응이었다. 한편 상대주의는 극도로 관능적인데 잘 알려진 사실에 역행하기에 더욱 그렇다. 움찔하고 물러서기는커녕 대부분의 상대주의자는 그렇다고, 900년에는 태양이 실제로 지구를 돌았다고 대꾸한다. 참으로 웃기는 일이다!

아마도 "당신의 말은 지루해"라는 주제의 가장 삐딱한 다른 버전은 "그렇게 말할 줄 알았어"라는 대꾸일 것이다. 의견에 일관성이 있다는 이유로 그 사람을 비판하는 것은 정말 삐뚤어진 생각이다. 자유주의자인 질은 어떤 사회 문제의 자유시장주의적 해결책으로 최신 아이디어를 제시한다. 실업을 낮추기 위해 최저임금제를 없애자는 것이다. 사회주의자인 잭은 그것이 이미 수용할 수 없는 지경에 이른 노동자의 소득 불균등을 악화시킬 것이라고 대꾸한다. 그러자 질은 노려보며 "그렇게 말할 줄 알았어"라고 말한다.

그렇다. 잭은 사회주의자이므로 그렇게 말할 것이다. 사회주의자들이 할 만한 생각이다. 잭은 단순히 자기의 정치적 신념에 기대어 소득 불균등에 관해 우려했을 뿐이다. 문제는 잭이 그렇게 열정적으로 견지하는 사회주의적 견해가 옳으냐는 것이다. 질의 발언은 분명히 이러한 질문에 대답이 되지 못한다.

물론 오랜 친구라면 잭과 질은 자유주의 대 사회주의 논쟁을 골백번도 더 벌였을 것이고, "그렇게 말할 줄 알았어"라는 질의 말뜻은 더 이상 그 문제를 이야기하지 말자는 표현일 것이다. 두 사람

"시끄러워"

은 단순히 펍에서 얘기를 나누고 있을 뿐 질의 제안이 효력을 발휘하지도 않는다. 최저임금제에 관한 적당한 해결책을 얻지 못한 채로 휴가 계획에 대한 대화로 넘어갈 뿐이다.

그러나 정치가들이 이런 문제로 대화를 나누는 것은 상황이 다르다. 정책 논쟁의 결과에 따라 국가가 운영될 테니 문제는 더 심각하다. (혹은 더 심각해야 한다.) 정치가들은 논쟁이 지루해진다고 해서 입심 좋은 한마디로 한 발짝 물러설 친구가 아니다. 그들에게는 "그렇게 말할 줄 알았어"라는 질의 대꾸같이 둘러댈 말이 없다. 그러나 정치계에서도 주의를 기울여 보면 종종 "이것은 상원 의원의 상습적인 트집 잡기입니다" "낙농업자의 곤경에 관한 왓슨 의원의 의견은 이미 충분히 듣지 않았습니까?" 등의 말을 듣게 될 것이다. 한 가지 주장을 일관적으로 밀고 나가는 일이 지적인 미덕으로 여겨지기는커녕 오히려 옹호하는 견해에 어떤 결점이 있다고 받아들여지곤 한다. "저 사람의 주장은 분명 틀렸을 거야." "하는 이야기를 들어봐, 참 지루해."

정치인은 텔레비전 카메라가 의회를 비추기 시작한 뒤에도 자신의 주요한 업무가 오락이 아님을 기억해야 한다. 진실은 지겨울 수 있다. 남편이 축구 중계를 너무 자주 시청한다는 사실처럼 약간 실망스러울 수도 있다. 그러나 당신이 좋아하는 것이라면 재미없는 순간도 견뎌야 한다.

히틀러 같은 이야기

대량 학살은 제비뽑기와 같다. 레닌은 그렇게 나쁜 일을 하지 않았다. 나는 얼마 전에 뉴질랜드 오클랜드에 있는 유명한 레닌 바에서 술을 마셨다. 그 바는 위대한 공산주의자의 흑백 이미지와 붉은 별로 장식했는데, 상당히 매혹적이었다. 한편 히틀러 바들은 뭔가 좀 부족해 보인다. 또한 레닌은 관념의 세계에서 더욱 그렇다. 공산주의는 지식인들 사이에서 이루어진 것은 아니지만 정치적이거나 경제적인 견해가 레닌이 가졌던 생각이라는 이유로 거부당하지는 않는다. 한편 히틀러는 아인슈타인과 딱 반대되는 존재다. 만일 당신이 누군가의 생각을 히틀러, 더 일반적으로는 나치당원의 의견과 연관시킨다면 그 생각은 바로 밀려난다.

"바로 히틀러의 생각이야!"는 히틀러의 생각이 전부 잘못된 것인 양 저절로 성공적인 논박이 되지만, 사실 절대 그렇지 않다. 우리 가운데 최고로 악질인 사람조차 여러 가지 옳은 믿음을 가진다.

물론 모든 사람이 이런 사실을 안다. 따라서 예컨대 베를린이 독일에 있다는 의견을 히틀러가 그렇게 생각했다는 이유로 반박하려는 사람은 없다. 허위 논박은 히틀러의 만행과 더 그럴듯하게 연관되는 의견들로 제한된다. 최근 발전한 유전공학을 이용해 인간의 선천성 기형을 피할 수 있다고 주장하는 사람은 나치의 생각을 채택했다고 곧 공격당할 것이다. 나치의 목표(예를 들면 인종적 순수성)와 유전공학 기술(집단 학살 같은)은 상당히 다르다는 사실은 괘념치 말라. 그만한 연관성이면 효과를 내기에 충분하다. 누구도 나치로 보이고 싶은 사람은 없으니까.

설령 그 비난이 유전공학 옹호자가 입을 다물게 하지는 못하더라도 분명 방어적으로 만들 것이다. 유전공학으로 나타날 많은 (구체적이지 않은) 윤리 문제들에 대한 현재의 기준을 이야기할 것이다. 이어 그는 나치즘과 관계되지 않기 위해 듣는 사람이 완전히 반대되는 생각을 할 때까지 노력을 다할 것이다. 규정이 얼마나 세심하게 정해져야 하는지 등의 변명을 늘어놓으며 말이다.

히틀러는 가장 애용되는 예지만 '연관성을 이용한 논박'에 쓰일 만한 유일한 미끼는 아니다. 다른 개인이나 집단 역시 거부 반응을 일으킬 만한 점이 있다면 이를 이용할 것이다. 종교근본주의자들은 상당히 선량한 사람들이다. 오만과 편견으로 똘똘 뭉친 빅토리아 시대인 역시 나쁘지 않다. 특정 계통의 페미니즘이 앞에서 말한 바와 같이 일종의 신新빅토리아 시대 청교도주의와 연관된다는 근거로 그럴싸하게 배척당했다는 말을 들었다. 문제가 되는 페미니스트들의 생각이 옳은지 그른지에 상관없이 이는 스스로를 현대적이고 비종교적이라고 생각하고 싶은 페미니스트들을 조용하게 하는 데는 효과가 있었다.

보통 이러한 오류는 겉으로 드러난 것보다 광범위하게 존재한다. 광범위한 조직의 일원이라는 믿음과 비슷한 집단의식 아래에도 깔려 있다. 사람들은 이 믿음이 진리라고 생각해서가 아니라 소속감이 좋아서 정치적이거나 종교적인 의견을 가진다. 예를 들면 좌파 학생들에 대한 한 묶음의 편견이 존재한다. 이들은 자유무역에 반대하고, 환경보호에 앞장서고, 부의 재분배가 더 많이 이루어져야 한다고 믿으며, 약간 페미니즘적이다. (과거처럼 강하지는 않다.) 또한 동물들도 권리가 있다고 생각하고, 기존의 어떤 종교도 맹신하지 않지만 이 주제에 대해 모호한 태도를 취하는 경향의 이른바 종교적인 감수성이 있다. 왜 사람들은 이런 태도를 견지하려고 할까? 이것들이 다만 사람들이 지금의 좌파에 대해 가지고 있는 인식이기 때문이다. 지적이고 의식적인 모든 젊은이가 적어도 조금은 좌파적이지 않은가?

좌파 학생들만이 정치와 종교를 패션 액세서리나 갱 집단의 휘장처럼 고르는 것은 아니다. 대부분의 사회집단, 심지어는 표면적으로 이념적이지 않은 집단도 집단 의견을 가진다. 비벌리힐스 컨트리클럽 회원(잉글랜드 축구팀인 아스날 지지자)들의 생각은 민주주의 지지자들보다 더 정확하게 예측할 수 있다.

우리는 이동하는 사회에 살고 있다. 한 가지 사고 형태에 영원히 묶여야 한다고 느낄 필요 없다. 날개 모양의 가죽 장식이 코끝에 달린 구두를 신고 엘비스의 헤어스타일을 한 누런 이의 서글픈 60세 노인들의 이념을 공유할 필요는 없다. 좌파 학생들도 나이를 먹으면 생각도 그에 따라 변할 것이다. 교외로 이사 가고, 골프를 배우고, 잘 다림질한 군복을 입으면 이들의 정치적 이념도 우파로 방향을 틀 것이다.

맙소사! 마흔 살이나 먹은 사람이 내뱉는 좌파적인 수사는 얼마나 순진하게 들리는가. 나이에 맞게 행동하라. (그리고 입을 다물라.)

6
장

어렵고
공허한 말

—

반계몽주의

학문적인 세미나는 상당히 지루할 수도 있다. 두 시간을 멍하니 체중을 이쪽 엉덩이에서 저쪽 엉덩이로 옮기며 보내지 않으려면, 어떤 세미나에 참여하는지 지식을 좀 얻어두는 것이 최선이다. 세미나 논문은 나눠주기 앞서 보통 간략한 설명해주는 것이 관례다. 예컨대,

주로 《겨울밤 이야기》를 분석하는 이 논문에서 해럴드 포크너는 정서성과 감정 사이의 인지 가능한 차이에 대해 현상학적 서술을 연구한다. 그는, 거대한 비극에서 소위 로맨스로 옮아가는, 셰익스피어의 희곡이 원인과 결과, 상징성, 결정적인 맥락성으로 명백하게 조건적인 세속에서 정서가 유사 심미학적으로 단절되었다고 이

해하는 데만 몰두한다고 말했다.[10]

이 개요에는 뭔지는 모르겠지만 문제가 있다. 문장은 엄격하게 문법을 지키고 단어들은 모두 영어이거나 적어도 그 연장이지만 글이 어떤 의미인지 이해하기는 거의 불가능하다. 포크너 교수가 셰익스피어 희곡에 관해 뭔가 말하려는 건 알겠는데, 어떤 내용을 이야기하는지는 도무지 알 수가 없다. 예컨대 "인지 가능한 차이에 대해 현상학적 서술을 연구한다"가 무엇을 한다는 건지 어떻게 예상할 수 있겠는가? 이 세미나에는 비옷을 입고 가야 할까? 어떤 것에서, 그러니까 원인과 결과나 다른 것의 명백하게 조건적인 세속에서 "정서가 유사 심미학적으로 단절되었다"고 생각하는 사람은 이런 단절이 진정으로 심미적이라고 믿는 사람과 의견이 어떻게 다른가?

아니, 이 글에는 잘못된 것이 없는지도 모른다. 아마도 이 글의 요점은 생각을 독자와 소통하려는 것이 아니라 거의 무의미한 말로 학자라는 인상을 주려는 것인지도 모른다. 어쩌면 이 모든 불가해한 장황함이 생각의 진부함을 감추려는 것일 수도 있다.

포크너 교수가 어떤 인물인지 누가 알겠는가? 개요와는 다르게

---

10 어떤 학계에서도 보기 드문 이 예를 〈프라이비트 아이〉지 2003년 4월 4~11일자 '위선자 코너'에서 찾았다.

그의 논문은 명확성의 전형이고 에이번의 시인 셰익스피어에 관한 대단한 생각으로 가득할지도 모른다. 나는 학문적인 문학 세미나에는 절대로 참석하지 않는다는 원칙이므로 이 의문은 영원히 풀리지 않고 어둠 속에 남아 있을 것이다. 독자들 대부분도 이런 원칙은 없겠지만 문학 세미나에 참석하는 일이 거의 없을 것이다. 그럼에도 있지도 않은 메시지나 사실을 모호하게 만드는, 아주 흔한 언어의 훼손을 피할 수는 없다. 이런 언어는 경제, 정치, 학계 또는 실제보다 더 똑똑해 보이고 싶고 통찰력과 대단한 생각으로 가득한 듯 꾸미고 싶은 사람들이 많은 곳이면 어디에나 넘친다.

흉악한 테러리스트의 위협에 대처하듯 반계몽주의를 근절하려면 방심해서는 안 된다. 이 장에서는 이를 위해 반계몽주의자의 말에 휘둘리지 않을 수 있는 지침을 제공할 것이다. 물론 이런 언어 전부를 다룰 수는 없다. 그러려면 이 주제만으로 책 한 권이 나올 것이다. 하지만 여기서 제시한 예에서 가장 위협적인 경우를 찾을 수 있을 것이다. 텔레비전이건 정당 대회나 이사회 회의실이건 언제 친구와 동료를 깨워 지적인 영역에서 철수해야 할지 알게 될 것이다.

이용 대신
레버리지하세요!

———

　　　　　　은어가 명확성을 더해줄 수 있다. 이런 은어
는 보통 덜 경멸적으로 전문용어라고 불린다. 예를 들면 순현재가
치NPV, 가격탄력성 등 경제학에서 쓰는 특수한 용어는 이 주제를
말할 때 없어서는 안 된다. 가치, 낭비 등 일상적으로 쓰이는 경제
용어와는 다르게 이런 말들은 정확하게 측정될 수 있다. 이런 용어
의 의미를 정확하게 하면, 특히 양으로 측정 가능하게 만들면 경제
적인 사고가 더 명확하게 표현되고 시험될 수 있다.

　이런 전문용어가 특별히 경제학에만 이로운 것은 아니다. 이론
을 명확히 하고 시험해야 하는 엄격한 과학에서도 이런 용어가 반
드시 필요하다. 자기 의견에 과학적인 엄밀함을 담기 원하는 사람
들이, 예컨대 경영 컨설턴트가 가능하면 은어를 많이 쓰는 이유도
그 때문이다.

　경영 컨설턴트는 거액을 받고 조언한다. 그 조언은 유용할 것이
다. 원컨대 비용이 높은 것은 그 만큼 효과적이기 때문일 것이다.
그러나 경영 컨설팅을 하려는 젊은이들에게는 어떤 불안감이 있
다. 제시하려는 조언이 아무리 좋아도 종종 너무 단순하다. 당신
회사는 과잉 생산이 문제다. 따라서 판매량을 올리든지 아니면 생

산량을 줄여야 한다. 판매고를 어떻게 올릴 수 있을까? 가격을 내리거나 새로운 판매망을 만들거나 아니면 또 다른 방법이 있을 것이다. 이런 선택 사항이 얼마나 효과적일까? 새로운 판매망을 만들려면 너무 많은 비용이 들고, 당신 회사 제품의 고객들은 가격에 민감하다. 그렇다면 가격을 내리는 것이 최선의 방법이다.

대충 이런 말을 해야 한다. 좋다. 그렇지만 아이비리그 경영대학원을 졸업해서 하루에 5000달러를 청구하는 수재 입에서 나오는 말치곤 뭔가 부족하다. 전문적인 은어를 곁들여 그럴싸해져야 한다.

경영 컨설팅에서 쓰는 은어는 일상적이고, 사소하고, 이해하기 쉬운 말을 이상하고, 대단하고, 모호한 말로 대체한 것이다. 단지 말을 바꿨을 뿐이다. 컨설턴트가 대체해 내놓은 말에 일상 언어에는 부족한 정확함이나 정밀한 측정치가 있는 것도 아니다. 과학에서는 전문용어가 명확성과 시험 가능성을 높여주지만, 컨설팅 은어는 상당히 명백한 말을 쓸데없이 혼란만 가중하는 말로 포장한다.

이 책을 읽는 사람 가운데 경영 컨설턴트를 준비하는 이는 별로 없을 것이다. 하지만 현재 그들의 언어가 비즈니스 세계로 스며들었고, 점차 언론과 정치계로도 침투하고 있기 때문에 많이 들어봤을 것이다. 어떤 말은 문법적으로 맞으니까 포함된 것이 분명하고, 어떤 말은 문법적으로 오류인데도 포함되었다. 유행은 변하지만 레버리지, 지적자본, 벤치마크, 미래moving forward란 말은 변치 않고 선호되는 용어다. 예를 들어 당신 회사의 운영방식이 직원의 좋은 아이디어를 경영자가 듣지 못하게 하고, 다른 회사들이 이런 면에서 더 잘한다는 뜻이면 이렇게 말한다.

동종 부문 최강의 경쟁자와 비교해 벤치마킹한 결과, 지적자본 레버리지가 주목할 만한 미래 상향 잠재력을 드러냈다.

이 말을 이해하려면 도움이 필요한 독자도 있을 것이다. "비교해 벤치마킹"한 결과라는 말은 비교했다는 의미다. 만일 당신이 군중 속에서 가장 가까이 있는 세 사람과 키를 비교해서 가장 컸다면 "지리적으로 가장 근접성이 높은 사람들과 비교해 벤치마킹하면 내가 최상위 4분위수 키 수행자다"라고 말할 수 있다.

"동종 부문 최강의 경쟁자"라는 말은 분석 대상과 유사한 부류의 좋은 예다. 예컨대 당신이 네덜란드인인데 바르셀로나 군중 속에 있다면, 당신이 최상위 4분위수 키 수행자라고 하기는 어렵다. 당신이 주변의 모든 스페인인보다 머리 하나가 클 수 있지만 최상위 4분위수 네덜란드인 키 수행자보다는 머리 하나가 작을 수도 있다. 다시 말해 동종 부문 최강의 경쟁자를 상대로 벤치마킹할 때는 가장 작은 사람이 될 수도 있다.

"지적자본"은 비즈니스에서 요긴하다고 알려진 것이다. 예를 들어 덧셈 능력과 세금에 관한 법률 지식은 회계 회사의 지적자본의 일부다. 이것은 '자본'이란 말을 특이하게 한 것이다. 왜냐하면 회사가 소유하는 것은 운영에 사용되든 아니든 보통 자산이라고 하기 때문이다. 자본은 회사의 자산에서 부채를 감하고 남은 것이다. 따라서 '지적자산'이란 말이 더 정확할 것이다. 그러나 별 의미 없는 은어를 완벽하게 설명할 수는 없다.

"레버리지"란 말은 가장 미적이므로 마지막에 설명하기로 하자.

"상향 잠재력을 드러냈다"는 말은 이 사례에서처럼 더 많이 원할 경우 '향상될 수 있다'는 의미다. 뭔가를 더 얻었을 때 가진 것의 수를 측정하면 상향이 되기 때문에 '상향 잠재력을 드러냈다'는 말이 '향상될 수 있다'보다 낫다. '상향 잠재력'은 수적으로 정확한 측정치를 암시하지만 '향상될 수 있다'는 그렇지 않기 때문에, 여기서처럼 정확한 측정치가 가능하지 않은 경우라도 언제나 선호된다.

수식어 "주목할 만한"은 여기서 '크게'란 뜻이다. 주목할 만한 상향 잠재력을 드러내는 것은 크게 향상될 것이다. 그러나 '크게'란 말은 조언의 대가로 주목할 만한 액수의 돈을 받는 사람들이 쓰는 종류의 말은 아니다.

"미래"는 '앞으로'란 의미다. 사실 이 말은 미래시제가 있는 문장에서는 불필요하다. '당신은 미래에 청구서를 받게 될 것입니다'와 같은 말이 되기 때문이다. 또한 앞의 문장에서도 언제나 미래에 실현될 것인 '잠재력'을 말하고 있으므로 이 말은 군더더기다. 그럼에도 '미래'란 말은 유용한 첨가어다. 설사 아무런 정보를 더해주지 않더라도 더 많은 단어가 일반적으로 긍정적인 느낌을 가미하기 때문이다. 보시다시피 과거보다 미래라는 표현이 긍정적이지 않은가.

자, 이제 컨설팅 은어의 걸작 "레버리지"를 다룰 차례다. 과학에서 쓰는 전문용어를 컨설팅 은어로 패러디해 쓰는 용어 가운데 이 말을 따라갈 말은 없다. 일반적으로 레버리지는 어떤 물체에 힘을 가하기 위해 지렛대를 이용할 때 얻는 힘이다. 지레의 중심축과 레버리지의 힘은 비율로 측정된다. 중심축에서 한쪽 지레까지 길이 대 다른 쪽 지레까지 길이의 비율이다. 이 지레의 힘 개념은 아주 자연스럽게 금융 분야로 확장되었는데 기어링이라고도 한다. 당신이 50만 달러짜리 집을 사려고 가진 돈 5만 달러를 투자하고 나머지는 대출을 받는다면 당신의 레버리지기어링는 9 대 1이다. 부채가 총자산액보다 9배 더 많다. 이런 확장은 금융도 물리학처럼 정확한 비율을 따지기 때문에 납득된다.

그러나 컨설팅에서 '레버리지로는'라는 말은 그저 '이용하는'라는 의미일 뿐이다. '레버리지'는 이 예나 앞의 다른 예문에서처럼 비율과는 무관한 문장에서 레버리지된다. 경영 컨설턴트는 심지어 서로를 레버리지한다는 말도 한다. 만일 내가 보스인데 일을 너무 많이 한다면 우리 팀의 컨설턴트는 나를 적절하게 레버리지하지 않은 것이다. (내가 지금 말을 지어낸 것은 아니다.) 한마디로 컨설턴트는 정확한 측정치를 의미하는 적절한 용어를 일반적이고 일상적인 뜻의 단어와 동의어로 사용하는 것이다. 그들은 정확한 의미를 모호하게 만들어 전문용어의 적절한 사용을 훼손한다.

왜 그럴까? 그렇다. '레버리지'라는 말이 전문적이라 인상이 강하기 때문이다. '미래'란 말처럼 문장에 긍정적인 느낌을 더하는 것이다. 당신이 어떤 일에 레버리지할 때 투자한 것보다 더 많은 것을 얻을 수 있다. 이용하지만 말고 레버리지하라!

애처로울 만큼 한심한 말이지만 애용되며 공감할 만하다. 누가 다음과 같은 말을 하고 25만 달러를 청구하면 맘이 편하겠는가?

당신의 회사는 다른 회사들처럼 직원의 아이디어를 더 잘 이용해야 합니다.

은어를 찾기란 쉽지 않다. 첫 번째 신호는 들은 말을 이해할 수 없는 것이다. 하지만 완벽하게 교양 있는 용어를 썼는데 당신이 그 의미를 모르기 때문일 수 있다. 헛소리를 해서가 아니라 당신이 무지해서일 수 있다. 대부분의 비즈니스맨의 마음 한구석에는 바로 이런 두려움이 도사리고 있으므로 컨설턴트가 차트와 표를 놓고 폭포수처럼 쏟아내는 알 수 없는 말을 들으며 고개만 끄덕인다. 자기의 무지가 드러내기를 원하는 사람은 없다. 우리는 모두 최신 경영학에 뒤처지기를 원치 않는다.

비즈니스, 정책, 문학을 막론하고 전문용어와 은어의 차이를 알려면, 정확성은커녕 그저 혼란만 가져오는 일상어와 비슷한 의미의 특이한 말을 쓰는지 알려면 그 주제를 꿰뚫고 있어야 한다. 폭로에서 내부자가 가장 유리한 고지에 있는 것도 그 때문이다. 그러나 안타깝게도 내부자는 폭로보다 무마에 더 관심이 많은데, 이것이 폭로를 듣는 일이 그렇게 드문 이유다.

교묘한 말

분명하게 주장하는 것은 위험하다. 분명하게 말하면 틀렸을 경우 명백히 드러나기 때문이다. 잭이 다음 주에 금값이 오른다고 주장했다고 하자. 그런데 다음 주에 금값이 떨어지면 그가 틀렸음이 만천하에 드러난다. 잭이 이런 위험을 피하고 싶다면 금융 전문가의 말을 빌려 예측할 것이다. 이런 식으로 말이다.

미국의 금리가 기준 금리 3퍼센트 미만에 머물고 시장 심리도 긍정적이라면 금값은 단기간 내에 최고치를 경신할 것이다.

이 문장의 조건부적인 부분이 편리하다. 가격이 떨어지더라도 정확한 조건을 누가 기억하겠는가? 조건이 무엇이었든 조건에 맞지 않아 금값이 떨어진 것이 분명하다. 시장 심리가 긍정적으로 유지되어야 한다는 조건도 포함되어 있기 때문에 시장 심리가 긍정적인지 알 수 있는 유일한 방법은 가격이 오르는 것뿐이다. 따라서 잭의 예측은 단순히 금값이 오르면 오른다는 것이다. 적어도 맞는 말이기는 하지만 무의미한 동의어 반복일 뿐이며, 금융 전문가의 예측에는 거의 항상 이런 조건이 들어 있다.

'단기간 내에'도 좋은 말이다. 당신의 예측이 맞을 시간이 절대로 오지 않는다는 의미이기 때문이다. 다음 주에는 금값이 떨어진다고 해도 그 다음 주 또 다음 주에는 올라갈 수 있는데, 그때도 여전히 가까운 시기가 아닌가?

그러나 여기서 최고는 '할 것이다'다. 어떤 진술을 할 때 '한다'를 '할 수 있다'로, '이다'를 '일 수 있다'로 바꾸면 절대로 틀리지 않는다. 결국 그 어떤 일도 가능하다. 금값이 내려가도 잭은 여전히 옳다. 언제고 오를 수 있기 때문이다.

또한 '라고 생각한다'도 '이다'를 대체하는 말로 매우 유용하다. 잭은 금값이 떨어졌다고 반박당할 걱정 없이 금이 좋은 투자라고 생각한다고 선언할 수 있다. 그는 누가 그렇게 생각하는지 더군다나 그 생각이 사실이라고도 분명 말하지 않았다.

'일 수 있다' '라고 생각한다' 같은 교묘한 말을 끼워 넣음으로써 실수를 면하는 이야기를 하는 대가는 빈말을 한다는 것이다. 이런 말들을 진지하게 생각해보면 어떤 정보도 전달하지 않음을 알 수 있다. 물론 금값이 오를 수도 있다. 우리가 알고 싶은 것은 금값이 정말로 오르는가다. 나는 어떤 사람들이 금이 좋은 투자라고 믿는다는 사실을 안다. 모든 일은, 아무리 어리석은 일이라도 믿는 누군가가 있다. 문제는 금값에 관한 이 생각이 참이냐 아니냐는 것이다.

이런 교묘한 말을 하는 이유는 잘못되었을 때 빠져나갈 구실을 마련하기 위해서다. 다시 말해 일종의 보험이다. 금값이 오르면 잘된 일이다. 잭은 그렇다고 말했다. 만일 금값이 떨어진다고 해도 괘념치 마라. 잭은 단지 그럴 수 있다고 말했다.

예측만이 교묘한 말로 발뺌하는 것이 아니다. 추정되는 어떤 연구 결과라도 이런 말로 표현할 수 있다. 대마초가 건강에 미치는 영향에 관한 연구 결과를 보도한 〈데일리 텔레그래프〉 2003년 5월

2일자에서도 전형적인 예를 볼 수 있다. 기사에는 "대마초로 1년에 3만 명이 사망할 수 있다"라는 제목이 붙어 있었고, 존 헨리 교수의 말을 인용했다.

설사 사망자 수가 3만 명 중 일정 비율이라고 생각하는 것이 가능할지라도 대마초 흡연은 여전히 주요한 건강상 위험이라고 말해진다.

먼저 "사망자 수가 3만 명이라고 생각하는 것이 가능할지라도"라는 표현에 주목하라. 헨리 교수가 여기서 한 말이 엄밀히 말 그대로의 의미일 리가 없다. 3만 명의 사망자는 어떤 연구를 하기 전에 주지되었다. 어떤 수든 '가능'하다. 그것이 불가능하다고 여길 만한 사전 근거가 있을 때라만 3만 명이 가능하다는 사실을 발견한 것이 뉴스거리가 될 것이다. 그러나 그것이 불가능할 이유가 어디 있겠는가?

대마초로 3만 명이 죽음에 이를 수 있다고 생각한다고 말함으로써 헨리 교수는 아마도 3만 명이 실제 수가 될 수도 있지만 확신할 수 없다고 말하려고 했을 것이다. 그가 가진 근거가 결정적이지는 않더라도 3만 명을 최고 추정치로 만든다.

실험 결과를 바탕으로 세운 가설을 어디까지 믿을 수 있는지 알아보는 표준적인 통계적 척도가 있다. 이런 통계적 척도를 잘 모르는 보통 사람들은 보고도 그 의미를 짐작할 수 없으므로 신문기사에는 보통 잘 보도되지 않는다. 그러나 가설의 적절한 신뢰도가 1보다 적음(즉 확실하지 않음)을 나타내기 위해 '가능하다'는 말을 던지는 것은 무의미하다. 실험 결과는 어떤 가설도 확정짓지 못한다. '가능한'은 그 가설이 확실한 근거가 있는지 미미한 근거밖에 없는지 구별해주지 못한다.

더 나쁘게는 만일 유효한 근거가 있어 대마초로 인한 사망자의 최고 추정치가 3만 명이 된다면 이 경우에는 '확률이 높은' 또는 '거의 확실한' 수라고 말하는 것이 더 관용적인 어법이다. 그러나 '확률이 높은'은 '가능한'보다 훨씬 더 위험도가 높다. 더 연구해서 5000명이 사실이라고 밝혀진다면 '가능한'이라는 말은 여전히 타당하지만 '확률이 높은'이라는 말은 그렇지 않다. 왜 말을 명백하게 하는 위험을 감수하려 하겠는가?

아니면 헨리 교수가 말을 명확하게 한 건지도 모른다. 아마도 그의 연구는 3만 명이란 수에 더 높은 신뢰도를 보장하지 못하기 때문에, 단순히 가능하다고 말해 표현한 모양이다. 그렇다면 당신은 이 모든 야단법석이 다 뭔지 의아할 것이다. 누가 어째서 아무것도 못 찾은 신문기사를 읽는다는 말인가?[11]

그러나 대마초 흡연으로 인한 사망자 수를 크게 걱정할 필요 없다. 대마초 흡연이 영국에서 주요한 공공건강 문제라는 사실은 알려진 바에 의하면 헨리 교수의 결론과는 무관하다. "설사 사망자 수가 3만 명 중 일정 비율이라도 대마초 흡연은 여전히 주요한 건강상 위험이다."

이는 이상한 견해다. 그 일부가 100분의 1이라고 가정해보자. 그렇다면 연간사망율은 헨리 교수가 추정하는 0.9퍼센트의 100분의 1, 즉 단지 0.009퍼센트에 불과하다. 그렇다면 올해 대마초를 피워 죽을 확률은 미국 정부가 채무금을 상환하지 못해 부도날 확률과 같다.[12] 그 말은 곧 건강상 주요한 위험이라고 보기 어렵다. 헨리 교수는 말하고자 하는 일정 비율을 제한하지 못함으로써 자신의 주장을 명백하게 허위로 만들고 있다.

하지만 당신이 그의 말속의 교묘한 말을 기억해낸다면 그렇지 않다는 것도 알 수 있다! 헨리 교수는 대마초로 인한 사망자 수가

---

11 헨리 교수는 대마초가 건강에 미치는 영향에 관해서 새로운 근거를 내놓지 않았다(〈영국 의학 저널〉 제326권, 2003년 5월호, 942~943쪽 참조). 그는 단순히 대마초와 담배 흡연이 똑같이 사망률을 증가시킨다고 추정하여 3만 명이란 수에 이르렀다. 그런 다음 0.9퍼센트라는 연간 흡연자 사망률을 대마초 흡연자 3500만 명에 적용하여 3만 명이라는 수를 계산해냈다. 그의 추론에는 두 가지 문제가 있다. 첫째, 3500만 명의 대마초 사용자는 빈약한 데이터에서 나왔는데, 당신은 아마 범죄 행위가 연루된 경우라고 예상했을 것이다. 둘째, 담배와 대마초 간의 흡연 습관 차이를 고려하지 않았다. 대마초 흡연자는 전형적으로 하루 흡연량이 적고 일생 중 단기간 동안에만 이런 습관을 유지한다. 헨리 교수는 현명하게도 3만 명이 단지 가능한 대마초로 인한 사망자 수라고 말했다.

12 미국 정부의 신용등급은 AAA다. 신용등급은 평가받는 기관이 주어진 기간 내(보통은 1년)에 금융 채무를 불이행할 확률의 대략적인 측정치다. AAA 등급을 받은 기관이 채무불이행 확률은 0.01퍼센트(1만 분의 1)다. 이는 금융계에서는 위험이 전혀 없다는 평가에 가깝다. 미국 정부에 빌려준 대부금에 대한 이자율은 무위험이자율(risk-free rate)로 불린다.

실제로 얼마이건 이것이 주요한 건강 문제라고 말하지 않았다. 그는 대마초로 인한 사망자 수가 얼마이건 이것은 주요한 건강상의 위험이라고 "여전히 말해진다"고 했다. 아마도 그의 말이 맞을 것이다. 나는 0.009퍼센트의 사망 확률을 주요한 건강상의 위험이라고 말하지 않겠지만 헨리 교수는 누가 그렇게 말했는지 밝히지 않았으므로 관계없다. 헨리 교수 자신을 포함해 누구라도 말할 수 있으므로 그의 말의 진위는 분명히 보증되는 것처럼 보인다.

하지만 그의 말이 아무런 정보를 전달하지 못하는 대신 그는 옳다. 대마초 흡연이 사망률에 미치는 영향에 관한 흥미로운 연구 결과로 보이지만, 대마초 흡연으로 발생할 사망자 수가 얼마이든 상관없이 헨리 교수가 대마초 흡연을 주요한 건강상의 위협으로 주장할 것이라는 사실을 알려주는 데 지나지 않을 뿐임이 밝혀졌다. 여기서 궁금하고 흥미로운 사실은 대마초보다는 헨리 교수에 관한 것이다.

교육! 교육! 교육!

당신은 정의의 편인가? 나는 그렇다는 데 걸겠다. 당신은 수입이 더 많은 사람이 적은 사람에게 수입의 일정액을 주도록 정부가 강제해야 한다고 생각하는가? 감히 짐작하지 않겠다. 많은 사람들이 이런 수입의 재분배를 정의로운 사회에 필수적이라고 생각한다. 어떤 사람은 이것이 단순한 도둑질이라고 생각한다.

모든 사람이 정의를 좋아한다. 단지 무엇이 정의이고 불의인지에 의견의 일치를 보지 못할 뿐이다. 이런 면에서 '정의'는 환호성 말이다. 당신이 정의를 좋아한다고 선언해보라. 모든 사람이 동의한다면서 환영하고 나설 것이다. 정의가 무엇인가라는 구체적인 물음에서는 모두 의견이 다르다. 하더라도 말이다.

누구나 받아들이는 것에는 정의 외에도 평화, 민주주의, 평등 그리고 이상적으로 존재한다고 여긴다면 무엇이든, 수많은 이상적인 것이 있다.

또한 야유성 말도 있다. 살인, 잔혹성, 이기심 등과 같은 말이다. 사람을 어떻게 죽여야 살인자가 되는지 모두가 의견의 일치를 보지 못하더라도 살인이 잘못이라는 데에는 다들 동의한다. 자녀에게 폭력을 휘두르는 것에 입법자들의 승인을 받지 못한 많은 사람들도 잔혹함에 반대한다. 이들은 체벌 없이 아이들을 기르는 것이 무자비하다고 생각한다.

당신이 생각을 명확하게 전달하기 원한다면 환호성 말이나 야유성 말을 하기 전에 어떤 의미인지 먼저 밝혀야 한다. 예를 들어 정치인이 부의 재분배 문제에서 단순히 공정한 정책을 선호한다고만 주장한다면 아무 소용없다. 누구라도 그렇다. 우리가 알고 싶은 것은 그 정치인이 어떤 정책을 공정하다고 생각하느냐다.

쓸데없어도 많은 정치인이 바로 이런 말로 대중에게 접근하기 좋아한다. 구체적인 설명이 없는 구호성 말은 유권자의 동의를 얻기 쉽다. 당신이 더 공정한 사회를 만들기 원한다고 해보자. 사람들이 사회가 지금 공평치 않다는 말을 듣고, 만일 당신의 반듯한 하얀 치아나 단추를 푼 셔츠가 맘에 든다면 그는 당신이 자기가 불만으로 여기는 문제를 거론하고 있다고 여길 것이다. 그가 나중에 당신에게 적대감을 갖도록 할 말을 하지 않고 적어도 동의의 감정은 얻을 수 있다. 아니 당신 스스로가 무슨 말을 하는지도 몰라도 된다. 정치인은 정의, 평등, 그 어느 것에 대해서도 전혀 구체적인 개념이 없을 수 있다. 그는 오로지 구호성 말을 가지고, 포커스 그룹, 여론조사, 정책 실행과 실패 과정에서의 지침만 알려고 한다.

토니 블레어 전 영국 총리는 1996년 정당 대회에서 정부에서 세 가지 우선순위로 삼는 것은 "교육, 교육 또 교육"이라고 선언하면서 신노동당의 교육 정책을 발표했다. 만세! 교육이 한 번도 아니고 세 번씩이나! 아이들은 구원받았다!

교육이 중요하다는 데 모든 사람이 동의한다. 의견이 일치되지 않는 부분은 국방, 정의, 교통 같은 다른 문제도 적절하게 자원을 배분하면서도 최고의 기준을 성취하도록 이끌 정책이 어떤 것이냐다. 교육이 블레어 전 총리의 세 가지 우선순위가 될 수 있지만 이에 대해 그가 무엇을 제안하는가? 그것이 유권자가 원하는 답이다. "교육, 교육, 교육"은 단지 아첨하려는 소리일 뿐이다.

정치적인 말의 본질이 무엇인지 시험하는 간단한 방법은 제정신인 사람이 동의하냐 하지 않느냐 여부다. 한 정치인이 자기 목표는 영국인을 건강하고 부유하고 현명하게 만드는 것이라고 선언하면서도 정작 유용한 말은 한마디도 하지 않는다. 정보가 그것뿐이라면 같은 것을 추구하는 경쟁관계의 여러 정치인들 사이에서 누구를 선택할 수 있겠는가? '유권자들이 정당과 후보자를 분별력 있게 선택하기 위해 정보를 요구하는 건전한 민주주의에서는 합리적인 사람들 간에 의견이 일치하지 않는, 어렵고 논쟁적인 문제에 초점을 맞추어 정치적인 토론이 이루어져야 한다. 정의와 평화에 대한 헌신 등은 그야말로 말이 필요 없다.

인용부호의 유해함

———

내가 어떤 주장에 대한 장관의 반박이 약했다고 주장했다고 해보자. 그렇다면 나는 뭔가 혼란스러운 말을 했다.

어떤 주장에 반박한다는 것은 틀렸음을 보이는 일이다. 만일 장관의 주장이 잘못되었음을 입증했다면 약하고 말고 할 것이 없다. 나는 목사의 '반박'이 약했다고 말해야 했다. '반박'이란 말에 단 인용부호는 내가 진짜 논박이라고 주장할 의도가 아님을 명확히 한다. 그는 주장이 잘못되었음을 실제로 입증하지 않았다. 단지 가정된 반박이었다. 만일 내가 글이 쓰는 것이 아니라 말을 하고 있다면, '반박'을 비꼬는 어조로 말하거나 이제 보편적인 제스처가 된 실성한 토끼마냥 양쪽 귀 옆에 손을 올리고 집게손가락과 가운데 손가락을 까닥거려 회의적인 태도를 나타냈을 것이다.

보통 인용부호를 써서 혼란스러울 것은 없다. 인용부호 안의 이러저러한 말은 단지 주장이거나 이른바 이것저것을 말하기 위한 경제적인 장치다. 그러나 일부 작가들은 이 기호를 너무 일관적이지 않게 또는 너무 심하게 사용해 무엇을 의미하는지 파악하기 어렵게 만든다.

미리엄 스토파드 박사의 베스트셀러《새로운 육아법New Babycare Book》에서도 인용부호의 쓰임이 일관적이지 않다. 이 책 제2장은 건강한 신생아에게서 기대되는 반사행동에 대한 내용이다. 그중 하나가 기는 반사로 아기가 엎드리면 무릎을 가슴팍 쪽으로 끌어당기는 반응을 보인다. 이 장의 소제목에서는 '기는' 반사라고 썼다. 내 짐작으로는 여기서 인용부호는 아기가 실제로 기는 것이 아니라 동작이 단순히 기는 것처럼 보일 뿐임을 나타내려는 의도인 것 같다. 그러나 본문에서 스토파드 박사는 이 '반사'가 아기의 다리가 펴지고 수평으로 누우면 곧 사라진다고 말했다. 이 부분을 읽고 나면 기는 반사가 실제로 기는 것이 아닌지, 반사가 아닌 것인지 아니면 둘 다 아니라는 것인지 궁금해진다. 둘 다 아니라면 이 행동은 괴상한 이름이 붙어있는 꼴이 될 테지만 말이다.

스토퍼드 박사의 경우 이 불일치는 악의 없는 실수다.《새로운 육아법》에서 인용부호의 역할은 미미하기 때문이다. 그러나 다른 저자들이 경멸을 표현하기 위해 이용하는 냉소적인 인용부호는 중구난방으로 쓰여 혼란스럽다. 이런 일은 특히 저자들이 다른 사람의 지적인 성공에 비평적인 태도를 취할 때 흔히 보인다. 예를 들어 사회학자들은 종종 어떤 학자가 무언가를 발견했다거나 어떤 지적인 문제를 해결했다고 말하기를 꺼린다. 이들은 그저 어떤 것이 "발견되었다"거나 어떤 문제가 "해결되었다"고 말하는 것을 선호한다. 철학자이자 과학역사가 임레 라카토시가 좋은 예를 제공했다.

허위 이론을 해석 이론으로 이용하여 어떤 '실험상의 실수'도 범하지 않고 실험 결과와는 일치하지 않는 모순적인 사실 명제를 얻을 수 있다. 에테르 실험에 죽을힘을 다해 매달렸던 마이컬슨은 처음에는 초정밀 측정으로 얻은 '사실들'의 불일치에 좌절했다. 그의 1887년 실험은 지구 표면에 에테르 바람이 없음을 '입증'했다. 그러나 광행차는 에테르 바람이 있다고 '입증'했다. 게다가 그 자신의 1925년 실험도 있다고 '증명'했다.[13]

냉소적 인용부호를 계속 사용함으로써 독자가 겪는 어려움은 인용부호 속 말의 의미를 이해하지 못하는 것이 아니라 저자가 무얼 말하려 하는지 알 수 없게 되는 것이다.

'입증'이나 '증명'이란 말에 인용부호가 붙어 있어서 당신은 라카토시가 실험으로 입증되었다고 주장하는 것이 실제로는 입증되지 않았음을 암시한다고 짐작했을 것이다. 왜일까? 아마도 입증되었다고 주장된 것이 오늘날 옳지 않다고 알려져 있기 때문일 것이다. 우리는 사실이 아닌 것을 증명할 수 없고 오로지 사실만 '증명'할 수 있다. 그러나 이것으로 라카토시의 냉소적 인용부호의 사용을 설명할 수는 없다. 그는 에테르 바람이 없음을 '입증'한 실험에서도 있다는 것을 '입증'한 실험에서도 모두 인용부호를 썼기 때

---

13 I. Lakatos, 'Falsification and the Methodology of Scientific Research Programmes', in Lakotos and Musgrave (eds.), 《Criticism and the Growth of Knowledge》, Cambridge University Press, 1970, p.164, note 12. 나는 데이비드 스토브의 《Popper and After: Four Irrationalists of Science》, (NewYork, Pergamon Press, 1982)에서 이 예를 얻었다. 이 책 제1부에서 폭소가 터지는 저명한 철학자 네 명의 언어적인 몽매주의를 보여준다.

문이다. 아니면 아마도 실험이 정확하게 이뤄지지 않아서 '입증'되었을지도 모른다. 그러나 라카토시가 마이컬슨의 측정은 초정밀하고 이런 문제는 실험상의 오류가 없을 때에만 발생한다고 했으므로 이것은 명백하게 배제되었다. (그렇지만 다시 한번 그는 '실험상의 실수'에 냉소적 인용부호를 붙여 혼란에 빠뜨렸다.)

라카토시의 글을 몇 쪽 읽고 나면 증명하려는 특정한 주장들에 그가 관심이 없다기보다는 이런 주장을 전혀 좋아하지 않았다는 느낌을 받을 것이다. 어떤 종류의 지적인 성취나 실패를 암시하는 말을 언제나 냉소적 인용부호 안에 넣었다.

그렇다면 왜 그는 그런 단어를 고집할까? 독자들은 '입증'이나 '증명'이란 단어가 말 그대로 증명하거나 입증하다는 뜻으로 사용되지 않았음을 안다. 그렇다면 도대체 그는 무슨 뜻으로 사용한 것일까? 인용된 단락을 읽고 여기서 라카토시가 말하고자 하는 것은 마이컬슨의 에테르 이론과 실험 결과 사이의 논리적인 관계라고 말하는 사람이 있다면 당신이 틀렸다.

라카토시의 1970년대 연구는 주로 전위적인 냉소적 인용부호의 남용 속에 있다. 1980년까지 이는 계몽적 합리주의의 문화적 제국주의에서 거리를 두려는 학자들 사이에 일반적인 관행이었다. 오늘날 예의 바른 사람이라면 '개선된' '정상적인' '실수' 등의 평가적인 의미의 말을 사용할 때, 품위 있고 정중한 인용부호로 유감을 감춘다.

이들은 물론 이런 말들을 사용한다. 그렇지 않고서는 무언가를 논하는 것이 거의 불가능하다. 그러나 정말로 그런 뜻은 아니다. 물론 적어도 무례하지도 않다.

**7
장**

피시앤칩

—

불일치

b   a   d

t   h   o   u   g   h   t   s

b   a   d

t   h   o   u   g   h   t   s

b   a   d

t   h   o   u   g   h   t   s

b   a   d

t   h   o   u   g   h   t   s

b   a   d

t   h   o   u   g   h   t   s

b   a   d

t   h   o   u   g   h   t   s

내가 영국으로 떠나기 전 뉴질랜드에 있을 때 아버지와의 저녁식사 대화에서 새로운 주제가 등장했다. 매일 저녁 아버지는 내가 저녁식사 자리에 앉으면 "영국에 가면 이런 음식은 못 먹는다. 영국에서 먹는 것들이란 죄다" 하는 이야기를 했다. 어느 날 저녁에는 영국인들이 늘 먹는 구운 쇠고기가 식탁에 올라왔고 다음 날 저녁에는 스테이크와 키드니 파이, 그다음 날에는 미트로프가 올라왔다. 매일 밤 새로운 요리는 영국에서도 먹을 수 있는 음식이었다.

며칠 동안 눈만 흘기며 이런 식의 대화를 듣고 있던 어머니가 드디어 적당히 반박하려고 결심한 듯 쏘아붙였다. 그날 밤 아버지는 영국에서 먹을 수 있는 건 피시앤칩밖에 없다고 주장했다.

"비스토 그레이비소스 믹스영국인들이 좋아하는 스테이크 소스 상표-옮긴
이는 어떻고요?" 어머니가 세게 끼어들었다.

"그게 어떻다고?" 두려움이라고는 모르는 이 집안의 가장이 반
격했다.

"비스토 그레이비소스 믹스는 영국에서 온 거에요." 어머니가 알
려주었다.

"그래. 하지만 피시앤칩에다 그레이비소스는 넣지 않잖아!"

당시 식탁에서의 말싸움을 돌아보면 아버지가 치매 초기라 그
랬는지 아니면 우리의 화를 돋우는 게 재밌어서 그랬는지 잘 모르
겠다. 어찌되었든 당신은 어머니가 아버지를 이겼다고 볼 것이다.
영국에서 비스토 그레이비소스를 먹는다는 진술은 영국 음식은
피시앤칩뿐이라는 주장과 일치되지 않다. 두 진술이 모두 참일 수
는 없다. 영국 사람들이 비스토 그레이비소스를 먹는다는 것은 진
실이면 그들 모두가 피시앤칩만 먹는다는 말은 거짓이어야 한다.
영국 사람이라도 피시앤칩에는 그레이비소스를 뿌리지 않는다고
아버지가 아무리 의기양양하게 대꾸했더라도 단순히 논박을 강화
할 뿐이다.

비스토 그레이비소스 믹스라는 위기에 대한 아버지의 반응은
고의적인 불일치다. 비스토가 영국 제품이라는 사실은 부정하지
못한다. 그러나 아버지는 자기의 일반화를 포기하기를 거부했다.

영국 음식은 피시앤칩뿐이지만 영국에서 비스토 그레이비소스를 먹는다는 모순되는 입장을 그저 고수했다. 아버지의 주장은 말도 안 되지만 만약 당신이 경기 침체기, 제2차 세계대전, 66퍼센트 한계세율소득 증가에 따른 세금 증가분의 비율—옮긴이을 견뎠다면 약간의 자기모순이 뭐 그리 대수겠는가?

이 같은 노골적인 불일치의 오류가 일상적이지는 않다. 명백하게 앞뒤가 맞지 않는 진술을 할 때 대부분의 사람들은 적어도 그중 하나는 거부해야 한다고 느낀다. 모두가 불가능하다고 생각하는 일을 혼자서 줄기차게 주장하는 사람은 오로지 미친 사람이나 중독자 아니면 분노로 격앙된 사람일 것이다. 이것은 내적으로 불일치하므로 반드시 허위를 담고 있다.[14]

그러나 불일치가 그다지 명백하지 않을 때가 더 일반적이다. 예를 들어 다음 진술을 생각해보라.

악이 존재하며,

그리고

선하고 전지전능한 신도 존재한다.

---

[14] 불일치의 두 가지 방식 사이의 차이에도 주목할 만하다. 진술이 반대여서 적어도 하나 아니면 둘 다 거짓일 수도 있다. 또는 두 진술이 모순적이어서 하나는 거짓이고 하나는 참일 수 있다. 예컨대 '잭은 자메이카에서 태어났다'와 '잭은 바베이도스에서 태어났다'는 반대되는 진술이다. 한편 '잭이 자메이카에서 태어났다'와 '잭은 자메이카에서 태어나지 않았다'는 모순되는 진술이다.

당장 불일치가 드러나지는 않지만 이 진술은 분명 일치되지 않다. 선한 신은 가능한 모든 악을 막기 원할 것이고, 전능한 신은 원한다면 모든 악을 막을 수 있을 것이다. 따라서 만일 선하고 전능한 신이 존재한다면 악은 없을 것이다. 그러므로 그런 신의 존재는 악이 있다는 사실과 모순된다. (여기서 '악'은 형이상학적인 것이 아니다. 치통, 트레일러 파크를 파괴하는 토네이도, 고문도 악이다.)

그럼에도 대부분의 기독교인, 유대인, 무슬림은 두 가지를 모두 믿는다. 선하고 전능한 신에 대한 믿음이 암시하는 것이 무엇인지 이해하지 못했든지, 아니면 이 믿음이 악의 존재와 일치함을 입증하려는 수많은 거짓된 신학적 시도에 설득당했다.[15]

이 점에서 종교인만 특별하지는 않다. 우리는 모두 모순된 믿음이 있는데, 우리의 믿음이 암시하는 바를 제대로 알지 못해 다른 믿음과 모순되는 점도 보지 못했기 때문이다.

우리가 믿는 모든 것의 논리적인 결과를 인식하는 일은 인간의 지적 능력과 의지를 벗어난다. 모두가 쉽게 이해하는 기본 원리 몇 가지만으로 놀랍도록 많은 수학적 진리를 끌어낼 수 있다. 예컨대 페아노의 공리에서 자연수 산술의 모든 진리가 도출된다.[16] 그러나 우리 대부분은 그런 추론을 할 수 없다. 어떤 문제까지는 도출해낼 수 있는 수학자도 다른 문제에서는 분명 실패할 것이다. 서로 일치되지 않는 생각이 마음 곳곳에 숨어 있다 고개를 내밀 것이다.

완벽한 일치를 요구하는 일도 부질없다. 그러나 완전할 수 없다고 해서 아무런 기대도 해서는 안 된다는 의미는 아니다. 대중적인 논쟁을 오염시키는 대부분의 불일치는 사소한 노력만으로도 찾아내 없앨 수 있다. 예를 들면 정부가 세금을 감면해야 하고, 또 정부가 더 많이 지출해야 한다는 한 쌍의 생각에서처럼 모순을 찾아내기 어렵지 않다.[17] 유권자에게 이 정도의 요구는 분명 지나친 것이 아닐 것이다.

특히 불일치가 일단 보였다면 그렇다. 이 장의 목표는 불일치가 종종 눈에 띄지 않고 지나가는 두 가지 상황을 찾아내도록 하는 것이다. 이보다 더 많은 종류의 불일치가 있지만 나머지를 구별할 수 있는 패턴을 알지 못한다.

---

15 악의 존재가 선하고 전능한 신의 존재와 일관성 있게 하려는 시도는 많았다. 조사를 해보려면 J. L. Mackie, 《The Miracle of Theism》, (Oxford, Clarendon Press, 1982)을 참고하라.

16 페아노의 공리는 다음과 같다. ① 0은 자연수다. ② a가 자연수면 다음의 수도 자연수다. ③ 0은 어떤 자연수의 다음 수도 아니다. ④ 두 자연수의 다음 수가 같다면 두 수는 같다. ⑤ 자연수 집합 S가 0을 포함하고 또한 S 안에 모든 수의 다음 수가 있다면 모든 수가 S 안에 있다.

17 이 진술은 정부가 세금 외에도 두 종류의 수입원이 있기 때문에 직접적으로 모순되지는 않는다. 다른 수입원은 정부 소유의 사업에서 얻는 이윤과 차입금이다. 그러나 정부 사업이 보통 이윤보다는 손실을 많이 내기 때문에 이 방식을 권고하는 사람은 거의 없다. 또한 지출 자금으로 쓰기 위한 차입금은 경기 침체기에는 권고할 만하지만, 적어도 차입율이 경제성장률을 초과한다면 장기간 동안 지속할 수는 없다. 장기적으로 보면 지출은 세금 수입에서 나가야 한다. 대부분의 유권자의 시각은 이렇듯 정부가 세금을 감해야 한다는 생각과 지출을 증가시켜야 한다는 생각이 뒤섞여 있으므로 모순된다.

여우사냥은 사격이 아니다

대범한 이야기꾼이나 과학자는 자신의 일반화를 명백하게 말로 표현한다. 그들은 앞으로 나서서 "물리적 힘이 없다면 물체는 멈춰 있을 것이다"라든지 "영국 사람들이 먹는 음식이라곤 피시앤칩뿐이다"라는 말을 한다. 이런 명백한 진술은 그 일반화와 일치하지 않는 것들을 쉽게 구분할 수 있게 해준다. 물리적 힘 없이 움직이는 물체, 비스토 그레이비소스 같은 피시앤칩 이외의 영국 음식이 그 예다.

그러나 대중적이든 사적인 논쟁에서든 이렇게 표면적으로 드러나는 경우는 드물고, 일반화는 주로 은연중에 나타난다. 때문에 일치하지 않는 점이 있더라도 알아보기 어렵다. 일반화와 마찬가지로 불일치도 단지 암시적이다. 암시적인 불일치의 예를 살펴보기 앞서 일반화가 어떤 식으로 암시되는지 살펴봐야 한다.

가령 왜 동성애를 불법으로 생각하느냐고 묻자 잭이 "성경에서 금하기 때문이죠"라고 답했다고 하자. 잭의 대답은 암묵적으로 일반화를 끌어낸 것이다. 곧 성경에서 금하는 것이 불법이라는 일반화다. 이런 일반화가 아니라면 성경의 동성애 금지가 곧 동성애가 불법이라는 논리가 나오지 않을 것이다. 만일 잭이 일관성 있다면 부정, 은행, 혼방 섬유로 만든 옷 입기, 바다가재같이 비늘이나 지

느러미가 없는 해산물 먹기를 포함하여 성경에서 금하는 모든 일을 범죄로 볼 것이다.[18]

이것이 논쟁에서 일반화가 일어나는 가장 흔한 방식이다. '성경에서 비난하는 것'이 '불법적인 일'이 되고, '인간'이 '가련한 존재'가 되고, '남자'가 '바람이나 피우는 못된 놈'이 되는 등 은연중 추측이 기정사실이 된다. 이런 식으로 추론하는 사람들은 보통 수긍할 만한 일반화에 반하는 예가 있다면 알아채는데, 정직한 사람일 경우 자신의 추론이 틀렸음을 인정한다. 성경에서는 비난하지만 당연하게 합법적인 행위, 불후의 인간, 신의 있는 인간 등이 그 예다.

항상은 아니지만 보통은 그렇다.

1985년에는 동성애의 범죄성에 대한 잭의 논증은 뉴질랜드에서 흔한 이야기였다. 일반인이 동성애를 비범죄화하기 위한 법안을 의회에 제출하자 시의회, 신문과 라디오 토론프로그램마다 이 화제로 흥분해 온 나라가 들썩였다. 한 시의회 공청회에서 나는 동성애를 범죄로 간주해야 한다는 캠페인을 벌이는 데 잭의 논증을 이용한 복음주의 기독교 지도자에게 질문을 던졌다. "성경에서는 간

---

18 여기 성경에 금지된 항목은 레위기 18장 20절, 신명기 23장 19절, 신명기 22장 11절, 그리고 레위기 11장 9절에 있다.

통도 죄악이라고 비난하는데 그렇다면 간통도 불법 행위입니까?"
그러자 지도자는 "아니요. 문제를 너무 확대시켰습니다"라고 대답
했다. 그의 온건함은 공청회장에 모인 사람들의 열광적인 박수를
끌어냈다.

그러나 그의 이런 온건한 반응은 동성애를 합법화해서는 안 된
다는 반대를 근거 없는 것으로 만든다. 만일 성경이 불법이라고 비
난하는 것이 모두 다 옳지 않다면 준법시민이 다른 사람의 아내, 3
퍼센트의 이자, 라이크라_{듀폰사가 만든 스판덱스의 상표명-옮긴이} 면셔츠,
로브스터 크림구이는 모두 즐겨도 되는데 왜 동성애는 안 되는가?
그 복음주의자는 동성애 합법화 반대 주장을 성공적으로 옹호한
것이 아니라 오히려 패배했다. 그는 자기 주장의 근거였던 일반화
에 반대되는 예를 인정한 것이다.

대중 앞에서 자가당착에 빠진 말을 했는데도 성공적인 반응을
이끌어내는 이들이 교인들이나 그와 비슷하게 무비판적인 태도를
보이는 사람들에게 강연하는 복음주의자 설교자뿐이라고 생각할
지도 모르겠다. 놀랍게도 그렇지 않다. 토니 블레어 전 총리는 현
대 정치 연설의 대가로 인정받지만, 적절히 보여줄 필요가 있다면
대중 앞에서 앞뒤가 맞지 않는 말을 하는데 주저치 않을 것이다.
여우사냥에 대한 그의 태도가 그런 예다.

1999년 9월, 수상은 불안해하는 유혈 스포츠 열광자들에게 자

기는 광신자가 아님을 확신시키려고 했다. 〈데일리 텔레그래프〉 기사에서 그는 여우사냥을 반대하고 범죄화하는 데 찬성함에도 불구하고 사격과 낚시의 굳건한 옹호자라고 주장했다.

> 국가 스포츠인 사격과 낚시를 금지하는 일은 없을 것이다. 나는 이 문제를 분명히 하고 싶다. 내가 총리인 한 정부는 어떤 금지도 하지 않을 것이다. 그런 일은 일어나지 않을 것이다.[19]

블레어 총리는 논설에서 사격과 낚시에 대한 입법적 걱정이 전원생활에 미치는 위협을 과장하기 원하는 여우사냥 찬성 운동가들 때문에 더 커졌다고 주장했다. 아마 그럴지도 모른다. 그러나 그 모든 중상모략에도 블레어 총리가 비난받아야 하는 이유는 단 한 가지, 일관성이라는 죄다.

어떤 원칙이 여우사냥은 혐오스럽지만 사격과 낚시는 비난받지 않아도 되도록 만드는가? 대부분의 여우사냥 반대 운동가들은 이 스포츠가 잔인하기 때문에 금지되어야 한다고 주장한다. 사격과 낚시 또한 잔인하지 않은가? 머리를 꿰뚫는 낚싯바늘이나 내장에

---

19 여기서 블레어 총리는 있지도 않은 능력이 있다고 주장했다. 어떻게 총리가 의회로 하여금 낚시나 사격을 금지하는 법안에 표를 던지지 않도록 할 수 있는가? 그는 배타적 입법권이 없으며 거부권도 없다.

박히는 총알은 개가 사냥감의 목을 물어뜯는 것보다 훨씬 부드러운가? 절대로 허용될 수 없는 여우사냥과 어떤 희생을 치르고라도 보호해야 할 사격, 그 둘 사이의 차이는 무엇인가?

사격과 낚시를 지지함으로써 블레어 전 총리는 동물에 대한 잔혹행위가 충분한 유죄의 근거는 아니라는 데에 암묵적으로 동의했다. 그렇다면 여우사냥에 대한 그의 반대는 뭔가?

여우사냥은 어떤 면에서 사격과 낚시와는 분명 다르다. 우선은 노동당 지지자가 아니라 부자들이 말을 타고 즐기는 것이고, 블레어 전 총리가 자기들을 위해 해주는 일이 별로 없다고 생각하는 노동당 좌파가 싫어하는 것이다. 그러나 이런 이유는 어떤 일의 합법성 여부와 관련이 없다. 낚시나 사격은 합법이지만 여우사냥은 불법이 되어야 하는 이유를 법학의 원리에 입각해 명백하게 밝히지 않는 한, 유혈 스포츠에 대한 블레어 총리의 태도는 중용이 아니라 변덕스럽고 일관성이 없게 비칠 것이다.

아니, 어떤 사람들은 이를 단순히 실용적이라고 할 것이다. 정치인에게 실용주의는 당연히 자랑할 만한 자질이지만 그렇다고 불일치를 요구하지는 않는다. 블레어 전 총리가 보기와는 다르게 모순적인 사람이 아니고 진정으로 모든 유혈 스포츠를 금지하고자 하는 사람이라고 해보자. 그는 사격과 낚시가 너무 대중적이어서 금지할 수 없음을 안다. 낚시와 사격을 보호하겠다는 약속으로 여우사냥은 금할 수 있다. 그렇다면 이야말로 그가 해야 할 일이다. 모든 유혈 스포츠를 금하는 불가능한 일을 고집해 아무것도 이루지 못할 바에는 얼마간이라도 이루어내려는 노력인 것이다. 여우는 사냥개에게 물려 죽는 모욕에서 구제받게 되었다. (이제 총에 맞아 죽겠지만 말이다.)

이 실용주의 어디에도 불일치는 없다. 유혈 스포츠에 대한 입장은 일관적이고, 입법적인 타협은 상황에 맞게 완벽히 합리적이다. 불일치는 블레어 전 총리가 협상의 일부분으로 사격과 낚시를 보호하려 할 때가 아니라, 사격과 낚시를 법으로 금지할 근거가 없다고 주장할 때만 일어난다. 상황이 이렇다면 실용주의를 감추려는 시도야말로 불일치를 일으킨다. 물론 당신의 실용주의는 감춰야 실용적일 것이다. 그것은 블레어 전 총리 같은 전문가에게 일임해야 할 문제이기도 하다. 만일 그렇다면 실용적인 실용주의의 값은 기만과 불일치이므로 이것은 치러야 할 대가가 너무 크다.[20]

---

20 토니 블레어 전 영국 총리가 가능한 최고의 타협안을 찾기보다 순수하게 원칙을 따르는 것처럼 보이고 싶어 하기 때문에, 아이러니하게도 그는 종종 임의적이고 원칙 없이 행동하는 듯 보인다. 이라크 침공 결정은 이를 잘 보여주는 예다. 압제받는 사람들을 해방시켜야 한다는 단순한 도덕적인 과제를 주장하는 대신 현실의 수많은 정치세력들이 침공하도록 강요했다고 인정했다면, 블레어 전 총리는 세계의 여러 독재 권력 사이에서 행동력 부족하다는 모순에 따른 비난을 덜 받았을 것이다.

기묘한 생각이라는
자가당착

———

　　　　　조직화된 종교가 쇠퇴함에도 불구하고 서구 사회에 기묘한 생각들이 여전히 퍼져 있다. 여기서 '기묘한'이 무슨 뜻인지 당신은 궁금할 것이다. 그런 생각을 하면서도 벌써 짚이는 곳이 있을 것이다. 바로 뉴에이지와 관련된 것들이다. 환생, 점성술, 수비학數秘學, 동종요법 같은 것으로 모두 기묘하다.

　불가사의하지만 사실이다. 기묘한 생각을 옹호하는 사람들은 말한다. 근거도 있다고 한다. 환생을 생각해보자. 증거라고 제시된 것들은 과거에 대한 어떤 사람들의 기억으로, 다시 말해 전생의 경험에서만 얻을 수 있는 것이다. 과거의 자신을 만나기 위한 최면 상태에서 질은 율리우스 카이사르의 왼쪽 엉덩이에 하트 모양의 점이 있음을 기억해냈다. 재빨리 사료를 살펴보니, 오호라! 이 이집트 정복자는 정말로 작은 점이 있었다. 질은 그 문제를 연구해본 적도 없고, 의문의 역사 자료를 본 적도 없다. 진짜다. 따라서 당신은 질이 클레오파트라의 환생이라고 여긴다.

　환생을 믿는 사람들은 주류 과학계가 이런 근거를 무시하는 데 몹시 실망한다. 과학자들이 도그마와 이른바 과학적 방법을 맹신하기 때문에 눈앞의 진실도 보지 못한다고 생각한다.

사실상 카이사르에게 작은 점이 있다는 사실을 질이 불가사의하게 알게 된 것을 전생으로 설명할 수 있다는 결론은 간단히 일치의 문제로 반박할 수 있다. 환생은 현재 과학자들이 정신에 관해 믿는 것 대부분과 일치하지 않는다. 예를 들면 환생에서는 정신이 (적어도 기억이) 죽은 뒤에도 살아남아 육체에서 분리된 존재로 일정 기간 지내다가 새로운 몸을 얻는다고 가정한다. 그러나 정신은 뇌의 작용이므로 사후에는 존재할 수 없다고 생각할 만한 합리적인 근거가 있다. 환생을 받아들이려면 정신이 뇌에 속한다는 견해를 부정해야 한다.

물론 이 생각이 잘못되었을 수도 있다. 그러나 그 근거는 엄청나다. 반대로 사람들이 최면 상태에서 기억해냈다고 주장하는 일화들은 근거가 빈약하다. 이 이야기들은 정신과 뇌 사이의 관계에 관해 근거가 탄탄한 이론을 버리지 않아도 여러 가지 방식으로 설명된다. 현대의 신경정신학자들이 틀렸거나 질이 정말로 클레오파트라의 환생일 가능성보다는 율리우스 카이사르가 점이 있다는 사실을 몰랐다는 질의 말이 거짓말일 가능성이 더 높다. 또 최면술사가 질에게 그런 사실을 암시했거나 아니면 우연히 맞췄을 가능성이 더 높다.

기묘한 생각이 본질적으로 이상하지는 않다. 자연법칙을 바탕으로 한 기존의 생각과 일치하지 않기 때문에 불가사의한 것이다.

당신이 기묘한 생각을 받아들인다면 기존의 견해를, 적어도 일부를 부정하는 것이다. 기존의 견해는 수많은 근거로 뒷받침되기 때문에 가볍게 여길 문제가 아니다. 환생, 유체 이탈, 점성술을 믿으며 자연법칙을 거부하는 사람은 무모한 발걸음을 내딛는 것이다. 이런 발걸음이 합리적이려면 기존의 생각과 충돌하는 주장을 뒷받침하는 근거가 훨씬 더 분명해야 한다. 그러나 그 근거란 것이 특별한 지식을 안다는 사람이나 독감이 다른 사람보다 두 배나 빨리 나았다는 사람들의 기담집 이상인 경우가 드물다.

기묘한 생각은 지적으로도 믿기 힘들 뿐 아니라, 이를 옹호하는 사람들이 불가사의한 생각과 모순되는 자연법칙도 함께 믿기 때문에 자가당착에 빠진다. 동종요법에 대해 살펴보자.

동종요법은 건강한 사람에게 질병을 일으키는 물질을 투여하면 병을 치료할 수 있다는 생각이다. 이 물질을 대량으로 투여하면 원치 않는 부작용이 일어나므로 희석 과정을 여러 번 거쳐 소량 함유한 물질을 만들어야 한다. 그러나 동종요법의 약물 희석법은 너무 훌륭해서 결과적으로 원래 첨가한 물질의 흔적도 없는 순수한 물이 나오게 된다.

동종요법 치료사들은 이런 사실을 알지만, 앞에서 말한 활성 물질을 첨가하고 희석하는 과정에서 이런 일을 하지 않은 순수한 물에서는 찾을 수 없는 치유력이 생기게 된다고 주장한다.[21] 하지만 그들이 하는 말은 지금까지 누구 하나 진지하게 의문을 가져본 적이 없는 어떤 원칙과 모순된다. 어떻게 그 성질을 가지게 되었든 상관없이 같은 성질의 물질은 같은 작용을 한다. 동종요법 치료사조차 이런 사실을 부정할 수 없을 것이다. 예를 들어 잭과 질의 몸무게가 똑같이 63킬로그램이라면 제대로 작동하는 저울은 누구의 경우든 63킬로그램을 가리킬 것이다. 최근에 잭이 살이 찌고 질은 살이 빠져 63킬로그램이 되었다고 해도 마찬가지다. 물을 포함한 다른 모든 것에 같은 원리가 적용된다. 물에 무엇이 섞여 있었는지는 아무런 문제도 되지 않는다. 두 표본이 현재 순수한 물이라면 어느 물을 마시든 몸에 똑같은 효과를 낼 것이다.

만일 당신이 동종요법 약이 물에는 없는 효과를 낸다고 믿는다면 곤란한 지경에 이를 것이다. 희석으로 활성 물질이 생기는 것이 불가능하다는 사실은 제쳐두고, 동종요법 약이 단순한 물임을 부정하든지 아니면 같은 성질을 가진 물질은 같은 효과를 낸다는 원리를 부정하든지 둘 가운데 하나를 선택해야 한다. 그렇지 않다면 동종요법 의학의 효능을 믿음으로 자가당착에 빠지게 된다.

---

21 동종요법은 보통 희석한 약 한 방울을 섞은 유당정(lactose pill) 형태로 나온다. 이 약은 보통 60배에서 500배까지 희석한 것이다. 200배 희석은 10배 (물에) 희석을 20번 반복한다. 이렇게 되면 함유된 활성 물질의 농도는 10의 20배에 1이다. 즉, 10의 20승에서 1이다. 10의 20승은 1 다음에 0이 20개나 나오는 엄청나게 큰 수다. 활성 성분의 1분자만 얻으려 해도 유당정을 몇 톤이나 먹어야 한다.

진정한 모순

대부분은 자신에게서 모순점을 발견하면 고민에 빠진다. 그러나 그럴 필요 없다. 주장에 모순이 있더라도 세상 자체가 모순으로 가득하지 않냐고 큰소리치는 사람도 있지 않는가?

이 모든 것은 당신이 말하는 '모순'이 어떤 의미냐에 달려 있다. 모순이란 말뜻은 상당히 명백하기 때문에 나는 그렇게 말하는 것을 싫어한다. 따라서 모순이라는 말의 의미나 세상이 모순으로 가득하다는 것에는 의문이 없어야 한다.

하나가 참이면 다른 하나는 반드시 거짓일 때, 어떤 일의 진실이 다른 일의 허위성을 수반하면 진술은 모순적이 된다. 따라서 '잭은 뚱뚱하다'와 '잭은 뚱뚱하지 않다'는 모순을 일으키는 말이다. 바로 이런 경우가 '모순적'이라고 말하는 의미다. 모순이란 말뜻이 그렇기 때문에, 모순을 일으키는 사실이란 존재할 수 없다. 문제를 단순화하고 실제 사례를 만들기가 쉽지 않으므로 A와 B가 모순을 일으킨다고 가정되는 사실이라고 해보라. 만일 A가 사실이면, 이 사실에 대한 진술 'A'는 참이다. B와 'B'도 마찬가지다. 그렇다면 진술 'A'와 'B' 둘 다 진실이고 전혀 모순을 일으키지 않는다. 곧 모순을 일으키는 사실의 존재 자체가 이 사실들이 실제로는 모순적이지 않음을 보여준다.

모순이 현실에 대한 믿음이 아니라 현실에 있다는 생각은 오로지 '모순'이 모순이 아닌 어떤 것을 뜻할 때만 가능하다. 말을 잘못 쓰는 일은 보통 단지 무식해서다. 그러나 위대한 사상가로 존경받는 인물들이 체계적으로 이런 잘못을 저지를 때는 말의 오용이 보편적으로 통용되는 경향이 있다. '모순'과 관련되어 19세기 철학자 헤겔과 그의 공산주의를 계승한 마르크스, 레닌, 마오쩌둥 같은 사람들에 의해 이런 일이 일어났다.

이 변증법적 유물론자들에 따르면 진정한 모순은 단순히 일반적인 것이 아니라 모든 일에 본질적이다. 이 문제에 대한 마오쩌둥의 글이다.

엥겔스는 "운동 그 자체가 모순이다"라고 말했다. 레닌은 대립물의 통합 법칙을 "(정신과 사회를 '포함해') '모든' 자연 현상과 과정에서 모순을 일으키는 '상호배타적인' 반대 경향의 인식(발견)"이라고 정의했다. 이 생각이 옳은가? 그렇다. 옳다. 모든 것에 존재하는 모순을 일으키는 측면들의 상호의존성 그리고 이런 측면들 간의 갈등은 모든 것의 삶을 결정하고 발전하게 하는 원동력이다. 모순이 없는 것은 아무것도 없다. 모순이 없는 어떤 것도 존재하지 않는다.[22]

이 글은 변증법적 유물론자가 말하는 '모순'의 의미만이 아니라 그것이 진정으로 의미하는 바가 무엇인지까지 알 수 있게 해준다. 바로 이 글이 진짜 모순이 무엇인지 보여주는 예이기 때문이다. 마오쩌둥은 모순이 상호배타적이라는 레닌의 말에 동의하면서 글을 시작했다. 그 다음 서로 모순을 일으키는 것은 상호의존적이라고 주장했다. '모순'을 모순적으로 정의한 사람은 모든 것이 본질적으로 모순적이라고 생각하는 사람과 다름없다.

이런 혼란이 이들의 해석을 이해 불가능하게 만들기는 하지만 변증법적 유물론자들은 '모순'이란 말을 단순히 반대나 갈등을 일으킨다는 뜻으로 사용하는 듯하다. 이런 해석만이 도시와 시골, 음과 양, 그 외에 다른 모든 것들과 함께 부르주아와 프롤레타리아가 모순적이라는 레닌이나 마오쩌둥의 의견을 이해하게 해준다.

그러나 이렇게 되면 변증법적 유물론은 모순을 일으키는 믿음을 갖는 데 대한 변명을 제공해주지 못한다. 설사 변증법적 유물론이 옳다 하더라도 단지 반대나 갈등이 가득할 뿐 진정한 모순은 아님을 보이는 것이다. 갈등을 '모순'이라고 불러 현실이 모순으로 가득함을 입증할 수 없다. 새를 '고블린전설 속의 악마-옮긴이'이라고 불러 고블린이 존재함을 증명할 수 없는 것과 마찬가지다.

---

22 Mao Tse Tung, 'On Contradiction', 《Selected Works》, (Peking Foreign Press, 1967), p. 313.

세상이 모순으로 가득하다는 말은 세상에는 모순을 일으키는 의견과 진술로 가득하다는 뜻이다. 세상이 오류로 가득하다는 것도 그렇다. 만일 의견들이 모순적이라면 그 가운데 하나는 거짓이다. 모순적인 말을 해보라. 당신은 분명 틀렸다. 모순을 일으켜도 상관없다고 생각하는 것은 진실을 개의치 않는 것과 같다.

**8
장**

이름만 바꾼다고?

|

애매한 말

기독교인은 선한가?

        이 질문에서 '선하다'는 단어가 꽤 까다로워 보인다. '선함'이란 말이 철학적 논쟁의 주제라는 사실만으로도 까다로움의 정도를 부연 설명할 필요는 없을 것이다. 사실상 문제는 '선'이 아니라 '기독교인'에 있다. '선함'을 정의하기 아무리 어렵다 해도 대개의 경우 우리가 이 말을 쓸 때 충분히 서로 이해한다. 더 중요하게 이 장의 목적에 비추어보면 이 말은 모호하지 않다. 이 단어에는 분명하고 명백하게 다른 의미가 두 가지나 그 이상이 있을 뿐이다.

    그러나 '기독교인'이란 말은 애매하다. 이 말은 신이 우주를 창조했고 예수는 신의 아들(만일 삼위일체설을 믿는 기독교인이라면 예수도 신 자신이 된다)이다와 같이 특정한 믿음을 가진 사람을 가리킬 수 있다. 만일 이것이 '기독교인'이란 말이 이해되는 방식이라면 '기독교인은 선한가?'라는 질문은 흥미로워진다. 그들은 선할 수도 있고 아닐 수도 있다. 이 물음에 대답하기 위해서는 교도소에 수감된 기독교인의 비율이 비比기독교인에 비해 낮다거나, 평균보다 높은 금액의 자선단체 기부금을 낸다는 등 사실적인 근거를 찾아야 한다.

그러나 '기독교인'이란 단어는 흔히 다른 의미로 쓴다. 이른바 '기독교인'이 '선함'과 동일시된다는 점에서 우리의 질문은 적어도 흥미롭지 않다. 비도덕적인 행위를 '기독교인답지 않은' 행위라고 묘사하거나, 드라마 〈테드 신부〉에서 테드 신부가 동성애자라는 사실이 밝혀지자 교인들이 '진정한 기독교인'이 아니라고 선언할 때 등이 바로 그런 경우다. 만일 선함이 기독교인의 기준이라면, 물론 기독교인은 선할 것이고 정의에 따라 사실이 된다. 이런 맥락에서, 예수의 신성을 믿는 사람이 기독교인인가는 살펴봐야 할 문제다.

이런 모호성은 우리가 쓰는 말을 어떤 의미인지가 명확하다면 무해하다. 문제는 한 가지 의미를 고수해야 논쟁의 타당성이 보장되는데도, 두 가지 의미 사이를 오고갈 때 발생한다. 즉 한 단어를 두 가지 이상의 뜻으로 사용할 때다.

예를 들어 잭이 질에게 ("질, 예수님에게 마음을 열어. 그러면 네 죄가 모두 사해질 거야"라고 말하면서) 기독교가 덕에 이르는 길이라는 근거로 이를 믿도록 추천했다고 해보자. 질은 마피아 암살자 대부분이 기독교인이라는 사실을 지적하며 잭의 말에 의심을 표한다. 잭은 이탈리아계 미국인 노동자층은 기독교인으로 간주할 수 없다고 대꾸한다. 기독교인이라면 마피아 보스의 조카라 해도 해치지 않는다는 것이다.

잭의 말은 애매하다. 처음에 잭은 믿음을 전제로 한 의미의 '기독교인'이란 말을 사용해 덕으로 향하는 길로써 기독교를 권유했다. 그 다음에는 기독교인은 선하다는 정의 아래서 진실이 되는 두 번째 의미를 사용해 거슬리는 반례에 대응하고자 했다. 즉 이탈리아계 미국인에 적절히 대응하기 위해 잭은 이제 오히려 예수의 신성을 믿지 않음을 보여주어야 할 판이다. 마피아 보스의 조카를 살해했는지 여부가 예수의 신성과 무슨 관계란 말인가.

질이 이 점을 지적한다면 잭은 기독교가 예수의 신성에 대한 믿음 이상이며, 십계명과 같은 도덕적인 규범도 있다고 항변할 것이다. 이탈리아계 미국인들이 분명 그 규범을 깨뜨렸으므로 그가 기독교인의 지위를 가지지 못한다고 부정하는 것은 속임수는 아니다. 아아, 잭은 다시 한번 그의 '기독교인'의 정의를 바꾸었다. 이제 기독교인은 예수의 신성을 믿어야 하고 (기독교인의 도덕적인 규범이 옳다는 가정 하에서) 고결함도 요구된다. 이것으로 잭의 조언은 무가치해진다. '기독교인'에 대한 이런 해석대로라면, 고결함을 지향하는 사람에게 기독교인이 되어야 한다고 말하는 것은 세 번째 다리를 찾으려면 삼각대가 되어야 한다고 주장하는 것과 다를 바가 무언가.

잭은 두 가지 방식을 동시에 취할 수 없다. 목적을 위한 수단에 관한 흥미로운 주장을 하든지 아니면 단순히 그 목적을 정의해야 한다. 만일 전자라면 잭은 자기 주장에 대한 근거를 제시해야 한다. 후자라면 사악한 기독교인의 가능성을 제거하는 것은 물론, 기독교가 미덕으로 향하는 과정이 아니라 미덕을 갖춘 사람들을 위한 명예의 훈장이 되도록 해야 할 것이다. 어떤 방식이든 잭은 '기독교인'에 대한 하나의 해석을 선택해 고수해야 한다.

가난 그리고 가난

'기독교인'이란 용어를 잭이 두 가지 이상의 의미로 사용하는 것은 논박을 피하기 위한 일종의 술수다. 그러나 애매함은 다른 목적으로도 이용될 수 있다. 우리는 보통 사내아이는 사내아이라고 이야기한다. 이 말은 피상적으로는 동어반복으로 보이는 말을 정보를 주는 말로 바꾸어 사내아이의 두 가지 의미를 이용하여 설명하는 어법이다. 사내아이(일정 연령 이하의 남자 사람)는 사내아이(주변 사람에게 끊임없이 문제를 일으키고 다니는 제멋대로인 꼬마 녀석)인 것이다.

그러나 그보다 모호함은 뒷받침하는 진술 없이도 명백한 사실적 주장을 도덕적 평가를 담은 주장으로 만들기 위해 자주 사용된다. 두 가지 예로 그 술수를 예증하겠다. 영국 노동당 정부와 과거에 그들의 등대 역할을 했던 칼 마르크스가 그 예다.

1997년 권력을 잡은 뒤 새로 등장한 노동당 정부는 영국 어린이의 35퍼센트가 가난하게 산다는 충격적인 사실을 발표했다. 영국처럼 풍요로운 나라에서 이런 일이 가당키나 한가? 반드시 어떤 조치가 취해져야 했다! 경제 정책이 변해야 했다!

나쁜 일이야 있을 수 있지만 이런 일은 정말이지 믿기 힘들었다. 영국에서 가장 빈곤한 계층은 실업자다. 이들은 무상주택은 물론, 의료급여, 자녀 교육, 식품을 살 수 있는 얼마간의 현금, 옷가지와 교통비도 제공받는다.[23] 영국 최하위 빈곤층 대부분은 전화, 텔레비전, 냉장고, 오븐, 스테레오, 심지어는 차까지도 소유하거나

---

23 집, 의료비, 교육비는 사실 절대 무상이 아니다. 주택 건설자, 간호사, 교사 모두가 대가를 받아야 하고 장비도 구입해야 하므로 누군가는 돈을 마련해야 한다. '교육은 모든 사람에게 무상으로 제공된다'라고 주장하는 사람들은 종종 이런 사실을 잊어버린다. 그것은 한마디로 말해 불가능하다. 누군가는 반드시 돈을 내야 하고, 문제는 단지 그게 누구냐다. '나는 아니야'는 인기 좋은 대답이지만 모든 사람이 무상을 즐길 수는 없다.

빌려 쓴다. 영국 어린이의 35퍼센트가 가난하게 산다는 생각은 말 그대로 믿을 수 없다.

그렇다면 노동당 정부는 '가난'을 상당히 다른 의미로 사용한 것이 아니었을까. 우리는 가난이라는 말을 들으면 먹을 게 없고, 옷도 다 떨어지고, 금방 무너질 것 같은 위태한 집에서 살면서 자녀들을 학교에도 못 보내고 아파도 병원도 못 가는 고통을 겪는 가족을 상상한다. 그러나 이런 시각은 좀 구닥다리라서 노동당 같은 현대 정치권이 이 문제에 접근하는 방식과는 동떨어진다. 고정관념과는 달리 노동당이 말하는 극빈자는 가구 소득이 전국 중간가계소득의 60퍼센트보다 적다는 의미다. 가난하게 산다는 이 35퍼센트의 아동은 그러니까 전국 중간가계소득의 60퍼센트가 안 되는 소득을 버는 가정에서 산다는 뜻이었다.

노동당 정부가 '가난'을 정의하는 방식은 우리들이 보통 생각하는 것과 차이가 있다. 이 말로만으로는 무슨 뜻인지 잘 이해가 되지 않을 것이다. 즉 어떤 정책에 의해 당신의 소득이 줄어들었다 해도 중간가계소득이 더 준다면, 그 정책은 오히려 당신을 가난의 정의로부터 벗어나게 할 수 있다. 같은 이치로 빈곤계층의 소득이 증가하지 않아도 중간소득 증가 비율이 마이너스가 된다면 빈곤계층은 가난에서 벗어날 수 있다. 1979년 이래로 영국의 최하위 빈곤층 10퍼센트에서 최상위 부유층 10퍼센트까지 모든 소득 십분위의 실제 소득은 증가했다. 그러나 빈곤층 비율은 늘었는데(노동당 식으로 하자면), 낮은 소득 계층과 중간(높은)소득 계층 간의 격차는 넓어졌기 때문이다.

노동당은 정책 논의에서 새로운 분류를 도입했다. 이름하여 '가구 소득이 전국 중간소득의 60퍼센트보다 낮은 계층'이다. 이 분류는 특정 사회현상을 이해하는 데 유용하다. 이 집단은 절대 소득 수준과는 상관없이 범죄와 가정 폭력으로 고통받을 확률이 기이하게 높을 것이다. 그러나 이 분류에 가난이라는 말을 쓰는 것은 오해의 소지가 높다. '가난'이란 단어는 이미 대중적으로 관념화되어 있는데, 이와는 상당히 다른 의미다.

이렇듯 노동당이 다른 말 대신 '가난'을 사용해서 얻는 이득은, 가난이란 말의 통념이 '어떤 조치가 반드시 취해져야 한다'는 결론으로 이어지는 강력한 평가적인 연관성을 가지고 있다는 점이다. 평이하게 영국 어린이의 35퍼센트가 전국 중간가계소득의 60퍼센트보다 더 낮은 소득을 올리는 가정에 산다고 말하면, 사람들은 전혀 조치가 필요하다고 생각하지 않을 것이다. 특히 이런 가정이 적절한 복지 정책과 기회를 받고 있다면 더욱 그렇다. 이런 통계적인 관찰에서 정책이 바뀌어야 한다는 결론을 얻어내려면 상당한 논쟁을 거쳐야 한다. 그러나 통계적인 분류에 '가난'이라는 꼬리표를 붙이는 것만으로 번거로운 논쟁을 간단히 피할 수 있다.[24]

이름만 바꾼다고?

착취와 마르크스식 착취

─────

신노동당은 구노동당의 마르크스주의자의 야망을 거부했다. 생산수단의 사유화는 이제 노동당도 문제 삼지 않는다. 사실상 많은 노동당 당원들이 지금은 개인 소유물을 가진다. 그러나 순수하던 대학 시절,《공산당 선언》을 읽으며 보냈던 시간들과 절반 정도는 읽은《자본론》이 남겨 놓은 것은 분명 있다. 신노동당이 '가난'을 이용하는 술책은 특정한 마르크스주의자들이 쓰는 방식이다.

마르크스의 경제와 정치 연구 작업은 신천지를 개척했다. 이것은 인간의 역사를 경제와 기술력의 결과로 본 장대한 이론이었다. 혁신적인 이론은 일반적으로 새로운 개념을 도입한다. 지금이야 익숙하지만 과거에 생물학, 정신의학, 경제학 이론에서 유전자, 정신분열증, 균형가격은 새로운 개념이었다. 마르크스는 경제력이나 사회현상 같은 낯선 단어를 새로운 용어로 도입했다.

물리학에서는 양전자, 쿼크 같은 새로운 이론적 실체를 소개하기 위해 완전히 새로운 어휘를 도입하는 일이 흔하다. 그러나 사회학에서 이런 일은 일반적이지 않다. 새로운 개념에 이름을 붙일 때

─────────

24 상대적 가난에 대한 정부의 측정은 11장에서 더 자세하게 논의하겠다.

도 보통 기존의 용어들을 새로운 방식으로 병합하여 사용한다. 한계효용marginal utility, 국내총생산GDP 등 마르크스도 그런 방식으로 명명했다. 그는 한술 더 떠 재미없는 사회학 언어를 채택하기보다 작은 즐거움을 선택했다. 그의 이론적인 개념은 '착취' '소외' 같은 이름을 얻었다. 예를 들면 자본주의 제도에서는 고용주가 노동자가 생산한 물건을 팔아서 벌어들인 돈이 노동자에게 지불하는 돈보다 더 많다. 그렇지 않고서는 이윤을 남길 수 없으니 당연한 일이다. 마르크스는 이런 현상을 노동자 '착취'라고 불렀다.

'착취'와 '소외' 같은 말은 일상에서 사용될 때 강한 부정적 암시를 가지는데 부탁하건대 여기서는 이 점을 잠시 제쳐놓자. 이 말들은 마르크스 이론에서 온전히 특정 경제현상 혹은 사회현상을 설명하기 위한 기술적인 용어로 쓰인다. 이것이 과학이다.

그러나 안타깝게도 익숙한 말은 아무리 다시 정의되더라도 옛의미를 불러오고 만다. 우리는 어쩔 수 없이 그 통상적인 의미로 되돌아간다. 이런 파행은 대개 안타까운 일이지만 적어도 마르크스주의자에게는 바람직한 결과를 가져왔다. 이것은 기적처럼 자본주의에 대한 비난을 몰고 왔다. 마르크스는 자본주의에 착취와 소외가 내재되어 있음을 보였다. 이런 끔찍한 제도를 누가 지지하겠는가? 어서 바꿔라!

물론 마르크스는 '소외'와 '착취'라는 말이 원래의 일상적인 의미를 가지는지에 대해서는 아무런 언급도 하지 않았다. 기껏해야 자본주의가 내재적으로 마르크스식 착취Mexploitation와 마르크스식 소외Malienation을 포함함을 보였을 뿐이다. 나는 일반적으로 사용하는 동음이의어와 마르크스의 기술적 용어를 구별하기 위해 착취exploitation와 소외alienation라는 단어 앞에 'M'을 덧붙였다. 그러나 이것은 자본주의를 비난해야 하는 어떤 근거도 되지 못한다. 나로 말할 것 같으면 사업 소유주가 이윤을 낼 수 있는 경제제도를 전적으로 선호한다. 이런 제도가 마르크스식 착취를 담고 있다는 데에도 동의한다. 마르크스식 착취의 정의에 따르면 어떻게 그렇지 않을 수 있겠는가? 나는 이런 이윤이 착취라는 것은 부정한다.

변소, 화장실, 욕실

애매한 말을 쓰는 사람은 딱딱하고 지적인 용어를 의미론적인 교묘함으로 포장하려고 한다. 자본주의가 실제로 노동자를 착취할 수 있지만 단순히 이윤을 '착취'라고 말함으로써 이를 입증할 수는 없다. 재정의 또는 단어의 애매모호한 다의적 사용이 당신에게 근거와 논쟁이란 값을 치르지 않고 유익한 결론으로 이끌어주는 지적인 '공짜 점심'을 제공해주지 않는다. 또한 당신이 가진 지적인 문제에 대한 해답이 되지 못한다면, 분명히 어떤 실제적인 문제도 해결하지 못할 것이다. 그러나 말장난이 현실과 맞닥뜨리는 것보다 훨씬 쉬우므로 피곤한 정책 입안자에게 애매한 말은 언제나 치명적으로 유혹적이다.

과거 보수당 정부는 국민의 교육 수준이 높아져야 영국이 더 발전할 수 있다고 믿었다. 특히 더 많은 시민이 대학 교육을 받을 수 있게 하고자 했다. 그 이유에는 신경 쓰지 말고, 이것이 정권의 목표였다고만 간단하게 받아들이자. 문제는 그 목표를 어떻게 성취하느냐에 있었다. 대학 졸업자를 크게 늘리려면 영국 대학교의 수용 능력을 크게 키워야 한다는 문제가 먼저 해결되어야 했다. 대학교를 더 많이 짓거나 적어도 기존 대학교의 학생 수를 더 많이 늘려야 했다. 대학에서 가르칠 사람을 새로 교육시키는 일만 해도 몇 년은 걸릴 테고, 비용 면에서나 시간 면에서 성공 가능성을 점치기 어려웠다.

그런데 "아싸, 이거다!" 싶은 깨달음의 순간이 왔다. 옛날 마르크스주의자가 존 메이저의 행정부로 흘러들어왔는지 아니면 느닷없이 걸출한 재기를 발휘했는지는 모르겠지만 누군가가 멋진 생각을 해냈다. 기술전문대학technical college을 '대학교'라고 부르자. 와, 근사하군! 거의 돈 한 푼 들이지 않고 한 방에 수십 개의 새로운 대학교가 생겼다. 그렇게 해서 1990년대에 영국의 대학교 수는 거의 두 배가 되었다.

문제는 이 정책이 이 나라에서 이루어지는 교육의 양이나 질에 어떤 영향도 미치지 않는다는 것이다. 따라서 이 정책은 목표했던 것, 즉 더 교육받은 국민이란 목표를 달성하지 못했다. 그저 더 많은 사람들이 대학 졸업장을 받았을 뿐이다. 이것은 통화가치를 절하하면 모든 사람을 부자로 만들 수 있다는 생각과 다를 바 없는 실수였다. 터키의 그 많은 백만장자들을 보라.

어떤 것을 다르게 묘사하거나 불쾌한 상투어로 새롭게 바꾼다고 해서 세상을 바꿀 수는 없다. 화장실에서 냄새가 나는데 공공편의시설이라고 이름만 바꾼다고 해서 좋아지는 것은 아니다. 냄새를 없애려면 청소를 해야 한다. 장애인을 '다른 능력을 가진 사람'이라고 부른다고 해서 그 사람이 일어서거나 걷게 되는 것도 아니다.

물론 말은 시간이 흐르면서 기분 나쁜 함축적 의미를 얻을 수 있는데, 이런 의미를 지지하려는 사람만 그 말을 계속 사용할 것이다. 깜둥이nigger라는 말이 그 예다. 그러나 깜둥이라고 부르지 못하게 하거나 심지어는 N자도 입에 담지 못하게 하는 일이 인종차별주의를 없애거나 많은 아프리카 아메리칸의 삶을 개선하지도 않는다. 반대로 인종차별주의가 지속된다면 흑인을 부르는 다른 이름이 원치 않는 뜻을 얻게 될 것이다.

완곡어법euphemism은 오히려 말의 가치를 손상시키는 경향이 있다. 완곡어법이 필요하다는 사실이야말로 말하고자 하는 것에 대해 분명치 않은 시각을 가지고 있음을 보이는 일이다. 얼마 지나지 않아 당신이 싫어하는 것을 다른 사람들도 싫어하게 된다면 완곡어법은 힘을 잃어 과거의 함축적 의미가 부활할 것이다. 미국처럼 인종차별주의로 시들어가는 나라에서는 흑인을 일컬을 다른 이름이 계속해서 필요하다. 또한 볼일을 보는 장소를 가리킬 때도 사람들은 언제나 더 듣기 좋은 말을 찾는다. 최근 '화장실toilet'과 '세면대lavatory'라는 프랑스식 완곡어법이 깨끗하게 해주는 마법을 잃었는지 많은 런던 사람들이 미국식 표현인 '욕실bathroom'이란 말을 쓴다.

완곡어법은 보통 큰 문제를 야기하지는 않는다. 비록 미묘한 조심스러움으로 싸여 있다고 하더라고 우리는 그 말이 어떤 의미인지 안다. 그러나 앞에서 설명한 '기독교인'과 다른 예에서 살펴보았던 애매한 말은 심각한 지적인 일탈이다. 고의든 실수든 그것은 일종의 속임수다. 논쟁에서 나오는 말이 진실이라고 하기에는 지나치게 도덕적이다 싶으면 의심하라. 말의 단순한 정의에서 현실에 대한 유익한 결론이 도출되거나 아니면 순수하게 사실적인 전제로부터 가치 판단적인 결론이 나올 때가 그렇다. 그럴 듯해 보이

는 성공일수록 논쟁의 애매한 부분 어디에서든 실체로써 설명되
어야 한다.

**9
장**

수렁에 빠지다

|

논점 회피

b a d

t h o u g h t s

b a d

t h o u g h t s

b a d

t h o u g h t s

1980년대 뉴질랜드 오클랜드대학교 학생신문에는 일주일에 한 번씩 '교목의 수다'라는 친근한 제목과 내용의 칼럼이 실렸다. 이 칼럼에 이어 1984년 '이집트인 교목의 수다'라는 이름의 새로운 칼럼이 등장했다. 저자는 태양신 아멘라를 비롯한 고대 이집트 신들의 특징을 간략하게 설명했다.

열렬한 기독교 학생 협회, 복음주의 연맹은 이 새 칼럼을 거부했다. 이들은 학생신문사에 자신들의 눈에는 일주일 분량의 신성모독으로 보였던 칼럼의 철회를 요구하는 편지를 보냈다.

편집자는 그 요구를 들어주지 않았다. 대신에 그는 복음주의 연맹의 관용이 부족함을 애석해하는 사설을 실었다. 그 글은 "믿고 싶은 것을 믿되 타인의 믿음은 관용하라"라는 슬로건으로 끝을 맺었다.

그는 재치 있는 이 명문구에 만족했을 것이다. 즉 관용적이지만 종교적인 광신에는 단호한 입장을 취했다. 안타깝게도 다른 사람의 믿음을 받아들일 수 없는 사람에게 이 칙령은 복종할 수 없는 것이었다. 분노한 복음주의 기독교 학생들도 그러했다.

편집자는 신학적인 논쟁을 벌이지 않고도 기독교도와 신문사 사이의 갈등을 해결할 수 있다고 보았다. 관용에 대한 일반적인 호소가 효과를 발휘하리라 여긴 것이다. 그러나 실제로 그가 신학적인 입장을 벗어난 것은 아니었다. 분명히 영원히 타오르는 지옥의 불길로 떨어질 이집트인의 이런 종류의 수다에 관해 복음주의 기독교인과 생각을 같이하지 않는 사람들만이 '이집트인 교목의 수다'를 관용할 것이기 때문이다. 편집자는 복음주의 기독교도의 반대에 응한 것이 아니라 그저 그들이 잘못된 생각을 가졌다고 가정했을 뿐이다. 관용에 대한 간청은 논점을 회피한 것이다.

논점 회피의 오류fallacy of begging the question는 논쟁을 일으키는 것을 정확히 문제가 없는 것으로 받아들이는 데 있다. 논증으로 나온 것이 실제로는 당신의 입장을 다시 강조한 것에 지나지 않는데도 말이다.

이 오류는 앞 장에서 논의한 문제들처럼 곧바로 명백히 드러나지 않으므로 다른 방식으로 예를 들어 설명하겠다.

잭이 사회 전체 복지에 미치는 결과가 어떻든 정부 정책은 소득과 다른 소유물에 대한 사적인 재산권을 절대적으로 존중해야 한다고 생각하는 자유론자라고 해보자. 즉, 세금이나 부의 재분배 같은 것도 없어야 하며, 정의 실현과 방어처럼 꼭 필요한 국가 기능도 최소한으로만 유지하면서 공공복권이나 범법 행위에 물리는 벌금, 군사적 노획물로만 국가 예산을 충당해야 한다고 본다.

이런 견해에 대한 질의 생각이 다른 대부분의 반대자와 같다면 잭의 세금 반대 정책은 대량 빈곤으로 이어질 것이라며 반박할 것이다. 그러나 그렇게 반론을 펼침으로써 질은 잭이 부정하는 점을 정확히 가정하고 있다. 곧 그 같은 결과가 재산권의 침해로 이어진다는 것이다. 말하자면 질의 반대는 논점 회피다. 질은 논쟁이 되는 문제를 당연시했다. 잭의 무세금 정책에 논박하려면 재산권이 사실 절대적이지 않으며, 대량 빈곤 같은 특정한 결과들이 재산권 제한을 타당하게 해준다는 사실을 들어야 할 것이다.

논점 회피는 일치하지 않는 의견의 근원에 이르지 못할 때 일어난다. 이것이 이 오류가 그렇게 많은 이유다. 불일치의 근원에 도달하려면 기정사실로 여기는 것의 근본을 탐구하도록 할 것이다. 불일치가 종종 바로 거기에 존재하기 때문이다. 그러나 이런 일은 유쾌하지 못하다. 보통 이 근본적인 가정은 잠깐이라도 고민해보지 않고 가지게 되므로, 진지하게 그 문제를 생각해보는 일은 기분 나쁜 이념적인 동요를 불러올 수 있다. 왜 당신은 사람들이 절대적인 재산권을 가져야 한다고 믿는가? 아니면 왜 그렇지 않아야 한다고 생각하는가? 대부분의 사람들이 이런 문제에 대해 진지하게 마주하기보다는 발을 빼기 더 원한다. 따라서 간단히 회피한 채 자기들이 좋아하는 대답을 당연하게 받아들이고 여기에 반대하는 사람들은 지나쳐버린다.

이유가 무엇이든 논점 회피가 만연하다는 사실은 이것이 보통 눈에 띄지 않게 이루어진다는 의미다. 눈여겨 살펴본다면 당신은 거의 모든 논쟁에 이 문제가 있음을 알게 될 것이다. 여기서 논의하는 예는 빙산의 일각일 뿐이다.

낙태 논쟁과 관용

논점 회피는 논쟁의 양측 모두에서 특히 금지와 관련된 논쟁에서 흔하다. 이집트인 교목의 예에서처럼 자유주의자들은 관용이라는 일반 원칙을 호소하지만, 금지를 주장하는 상대측에서 보면 논란되는 바로 그 행동은 절대로 관용될 수 없다. 가장 터무니없는 예는 낙태 논쟁에서 볼 수 있다. 낙태를 범죄시하는 사람들에게 대개 "낙태가 잘못이라고 믿는다면 좋다. 당신의 태아는 낙태하지 말라. 하지만 당신의 믿음에 동조하지 않는 사람에게는 관용을 보여라"라고 말하는 것이다. 이 말에 담긴 의미는 개인적인 견해가 무엇이든 모든 사람이 임신 중절 합법화에 찬성해야 한다는 것이다.

낙태 반대자에게 실제로 귀를 기울여본 사람이라면 이런 반응을 보일 리가 없다. 낙태 반대자는 낙태가 쇠고기와 함께 포도주를 내놓는다거나 시골길은 가본 적도 없으면서 사륜구동차를 몰고 다니는 것처럼 생활방식에서 일종의 잘못이라고 생각하지 않는다. 이들은 이 행위가 살인이라고 믿는다. 태아를 죽이는 일이 성인을 죽이는 것과 도덕적으로 전혀 다르지 않다고 여긴다. 만일 낙태 금지를 주장하는 사람들의 주장이 틀렸다면, 그 이유는 살인자에 대한 관용이 불충분하기 때문이 아니라 태아를 죽이는 것이 실제 살인은 아니기 때문이다.

낙태 논쟁과 관용은 무관한 이야기다. 만일 낙태가 살인이 아니라면 관용은 불필요하다. 만일 살인이라면 관용은 악이 될 것이다.

모두가 관용을 좋아하지만, 당연히 어디까지나 관용해야 마땅한 문제에 한해서일 뿐이다. 이런 필요조건은 다루기 힘든 문제여서, 바로 여기서 불일치가 발생할 가능성이 높다. 그리고 이때 관용의 미덕을 극찬하는 일은 도움이 되지 않는데, 그것이 관용이 필요한 것과 그렇지 않은 것을 구분해주지는 않기 때문이다. 대부분의 설교처럼 거창해 보이지만 속은 비어 있다.

코카인과 불관용

———

금지 논쟁에서 자유주의자 측만이 논점을 회피하는 말을 하는 경향이 있지는 않다. 약물 논쟁을 보자. 한 예로, 코카인 흡입이 왜 불법이어야 하는가? 흔한 답변은 합법이 되면 더 많은 사람들이 코카인을 흡입하게 되기 때문이라는 것이다.

꽤나 그럴듯하다! 하지만 코카인을 합법화하려는 사람은 정확히 같은 이유로 그렇게 하고 싶어 한다. 이들은 코카인을 흡입하기 원하는 사람은 즐거이 계속할 수 있어야 하고, 국가의 제지를 받지 않고 코카인을 사용할 수 있는 길이 보장되어야 한다고 생각한다. 합법화가 더 많은 코카인 사용으로 이어질 것이라고 반대하는 일은 논쟁 중인 문제를 기정사실화한다. 즉, 코카인 흡입을 원하는 사람들이 그러면 안 되는 어떤 이유가 있다는 것이다.

문제가 되는 행동이 무엇이든지 '그런 사람이 더 많아질 것이다'는 주장은 금지 논증에서 보편적으로 이용되는 근거다. 약물 사용에서부터 합의적 성인 근친상간에 이르기까지 거의 모든 회생자 없는 범죄에 반대하기 위해서 이 말을 쓴다. 그러나 이것은 왜곡된 주장이다. 사람들은 항상 더욱더 욕구를 채우고 싶어 한다는 사실과 자유주의자의 주장을 관련지어 사람들의 주의를 끌기 때문이다. 어째서 사람들이 마음껏 자신의 욕구에 충실하면 안 되는지를 보여주는 것은 금지론자들에게 필요한 일이다. 그렇지 않으면 이 주장은 논점 회피가 될 수밖에 없다.

욕구에 탐닉하지 말아야 할 이유를 뒷받침하기 위해 금지주의자가 가장 흔히 쓰는 논증은 그 행위가 당신에게 나쁘다는 주장이다. 다시 말해 이 범죄는 정말 희생자가 없는 것은 아니라는 말이다. 이 역시 논점 회피인데, 왜냐하면 자유주의자는 보통 존 스튜어트 밀의 주장에 동의하기 때문이다. 밀에 따르면, 자의적으로 어떤 일을 하려는 사람에게 해가 된다는 근거로 그 무엇도 금지되어서는 안 되며, 다른 사람에게 해를 끼칠 때만 금지할 수 있다.[25] 그러나 우리가 금지주의자의 온정주의를 받아들인다고 해도 그들의 논증은 여전히 결정적인 문제에서 논점을 회피한 그대로다.

다시 코카인 문제로 돌아가 코카인을 흡입해서 생길 수 있는 해를 모두 인정해보자. 코 점막이 상할 수도 있고, 심하게 코카인을 한 다음 날은 피곤하고 기분도 언짢을 것이다. 코카인을 매우 습관

---

25 John Stuart Mill, 《On Liberty》, reprinted in Utilitarianism, (Glasgow, Fount, 1978), pp.126~250.

적으로 사용하는 사람은 업무 생산성이 낮고 대인관계가 원만하지 못할 가능성이 크다. 이런 결과는 분명 코카인 1그램당 100달러 외에도 코카인 사용 때문에 부가적으로 치러야할 비용이다. 그러나 만일 당신이 온정주의적인 근거로 어떤 일을 금하고자 한다면 비용은 물론 이득까지 고려해야 한다.

예를 들면, 먹는 행위에는 노력과 위험이 따른다. 그러나 온정주의자들은 이득이 비용을 초과하기 때문에 금지하려는 것은 아닐 것이다. 적절한 온정주의적 금지는 단순히 비용만 따지는 것이 아니라 비용 대 이득 분석을 필요로 한다. 그 비용은 이득과 비교해 헤아려야 하고 이득을 능가해야 하며, 금지된 행위는 순비용이어야 한다.

코카인을 흡입해서 얻는 주요 이점은 아마도 유일하겠지만, 쾌감을 준다는 것이다. 코카인 반대론자들은 결코 이 이득을 고려하지 않는다. 그들은 약물 거래로 발생하는 범죄적인 요소가 사라지는 등의 합법화가 가져올 일부 이점은 인정하겠지만, 코카인 흡입 증가가 낳을 쾌감의 증가는 절대로 인정하지 않을 것이다. 그러나 이것이야 말로 합법화의 핵심 요점이다. 만일 어떤 일을 하고 싶어하는 이유를 고려하지 않는다면 반대가 항상 찬성을 압도할 것이다. 키스를 생각해보자. 만일 사람들이 키스를 즐긴다는 사실을 제쳐놓으면 찬성할 이유가 없다. 병균이나 퍼뜨리기에 좋은 방법이니 금지하자!

코카인 사용이 순비용이라고 생각하는 온정주의자들은 쾌락이 비용을 상쇄하기 불충분하다고 암묵적으로 가정한다. 그러나 코카인 사용자가 자기 쾌락을 얼마나 가치 있게 여기는지 모르므로 이러한 생각은 순전히 가정일 뿐이다. 이 가정이야 말로 정확하게 이 논쟁에서 문제가 되는 것이므로, 이들은 논점을 회피하고 있다. 아니 더 나쁘다. 이 가정은 분명 틀렸다. 모든 비용을 고려한 뒤에도 코카인을 선택하는 사람들은 그 쾌락을 더 높이 사는 것이 틀림없다. 그렇지 않다면 코카인을 흡입하지 않았을 테니 말이다. 그들의 가치대로라면 코카인 흡입은 이득이 크다.

정치적인 논점 회피

많은 정치가들이 스스로를 실용주의자로 자처하기 좋아한다. 이론과 이데올로기는 정치가를 위한 것이 아니다. 이들이 하는 일은 국민의 삶을 향상시키기 위한 실제적인 변화를 만드는 것이다. 정책 결정에서는 상식과 더불어 철저하게 근본적인 문제들을 다루어야 한다.

그러나 안타깝게도 이런 실용주의자들이 우리의 믿음을 얻는 것보다 이데올로기를 피하는 것이 더 어렵다. 이를 테면 누군가의 삶을 향상시킨다는 것은 어떤 의미인가? 더 부자가 된다는 말인가? 자유로운 시간이 더 많아진다는 뜻인가? 죽었을 때 천국에 갈 가능성이 더 높아진다는 것인가? 이 질문에 대답할 수 없다면 어떤 정책이 국민의 삶을 향상시키기 위한 실제적인 조치를 취하는지 아닌지 어떻게 알 수 있는가?

또한 단순히 이데올로기나 이론을 요구함으로써 정책이 수립되지도 않는다. 목적을 달성하기 위한 수단을 알아야 한다. 미국 국민을 풍요롭게 만들어줄 정책은 자유무역일까 아니면 보호정책일까? 이 질문에 답하려면 경제학 이론을 이해해야 한다. 어떤 사람에게는 자유무역이 미국 국민을 더 가난하게 만든다. 일자리의 임금이 더 낮은 경제로 가기 때문이다. 그러나 이런 일은 명백하지 않고 사실상 거짓이다. (어떤 경제학 입문서를 보아도 그 이유를 쉽게 확인할 수 있다.)

당신 맘에 들거나 말거나 정치는 전적으로 관념적이다. 구체적인 정책에 관한 논쟁 대부분의 중심에는 더 일반적인 관념적 불일치가 놓여 있다. 그러나 우리의 실용주의 정신을 가진 정치인은 일반적인 질문에는 관심을 두지 않는다. 한 정책을 놓고 찬반 논쟁이 벌어질 때 정치인들은 단순히 자신의 관념을 당연시한다. 아마 자신이 그렇다는 사실조차 인식하지도 못할 것이다. 따라서 이들은 논점을 피해간다. 논쟁이 되는 바로 그 문제에 의문을 가지지 않는 것이다.

시사적인 예를 하나 들어보자. 영국 정부가 최근에 시행했듯 국가의료제도NHS의 예산을 늘리기 위해 소득세를 올리는 것은 합당한가? 이 정책의 정당성은 더 많은 환자들이 국가 지원을 받는 NHS 병원에서 치료받을 수 있다는 데에 있다. 가장 효율적으로 국민의 건강을 관리할 수 있는 방법이 NHS뿐이라면, 이 결과가 정책을 정당화한다. 그러나 이 정책 반대자들은 바로 이 점을 두고 논쟁을 벌인다. 국가가 제공하는 의료서비스와 사私보험에서 제공하는 서비스 사이의 상대적인 효율성에 관한 논의다. 정책을 옹호하는 정부의 주장은 논점을 회피한다. 무조건 NHS가 더 효율적이라고 가정하기 때문이다.

이데올로기적인 논쟁을 피하고자 하는 바람은 논점 회피보다 훨씬 더 나쁜 범죄로 이어질 수 있다. 그 결과가 전적인 모순에 이르는 일이 종종 있다. 예를 들어 현재 이는 이슬람 근본주의와의 논쟁을 생각해보자. 대부분의 서구 정치인들은 이슬람 신권정치와 샤리아법을 거부한다. 그 근거도 다양한데, 민주적이지 못하다는 이유도 있고 샤리아법이 여성의 권리를 보호하지 못한다는 이유도 있다. 반대하기에 좋은 근거이긴 하지만, 이슬람 근본주의자들의 기본적인 종교적 믿음이 옳지 못할 경우에만 이슬람 신권정치를 거부하는 데 타당하다. 만일 근본주의자들의 주장대로 실제로 알라신이 샤리아법을 요구한다면 우리는 가능한 빨리 이를 채택해야 한다. 우리를 영원히 불타는 지옥에서 구할 수 있다면 독재정치와 성차별주의도 감내할 가치가 있을 것이다.

물론 대부분의 서구 정치인은 알라신의 의지에 관한 이슬람적인 생각을 거부한다. 그러나 대중 앞에서는 이를 밝히지 않는다. 샤리아법에 반대하는 논쟁에서도 알라가 존재하지 않는다는 점은 절대로 지적하지 않으므로, 샤리아법을 포함해 어떤 형태의 법에 대해서도 의견을 내놓을 없다. 거꾸로 논쟁하는 사람들은 대부분 이슬람에 대해 커다란 존중을 표하는 데 상당한 시간을 소비한다. 정말로 이슬람을 존중한다면 왜 이 종교의 정치적인 규정은 따르지 않는가?

내가 정치인들이 쓰는 '존중'이라는 말을 제대로 이해하지 못했는지도 모른다. 아마도 당신은 기본적인 교리가 허위고, 정치적인 이데올로기가 독재적이고 성차별적인 종교도 존중해야 한다고 생각할 수도 있다. 그렇다손 치더라도 이슬람 신권정치를 거부할 때 기본적인 생각들이 틀렸다는 생각보다 이슬람에 대한 존중에 중점을 둔다는 사실이 조금 혼란스러움을 인정해야 한다.

정치인은 자신의 입장에 대한 이론적인 문제 전체와 직접 씨름할 수 없다. 시간도 없고 대다수 문제가 노력을 들일 가치도 없다.

정치인은 상대를 골라 싸워야 하는데, 보통 중요한 정적이어야 할 것이다. 그러나 일단 싸움을 걸었으면 그저 링 위에서 춤추듯 요리조리 도망치며 관중을 향해 의기양양하게 손만 흔들지 말고 상대의 허리 위로 주먹을 날리려고 애쓰면서 제대로 싸워야 한다. 늘 그렇듯이 이 오류 역시 정치적인 논쟁에서 더 흔하다. 그 이유는 정치인들이 다른 사람들보다 더 논쟁을 많이 해서가 아니며, 논점을 회피하는 일이 오히려 현대정치 역학에서 긍정적으로 장려되어서다.

이미 이야기한 것처럼 논점 회피의 오류를 범하지 않으려면 상대와 불일치하는 진짜 요점을 지적해야 하며, 진짜 요점을 찾으려면 자기 입장을 명확히 밝혀야 한다. 그러나 대중매체를 이용하는 수완이 뛰어난 정치인이 이를 원하겠는가? 불일치의 진짜 요점이 대체로 경제 이론이나 정의의 원칙 등 관념적일 때 특히 더하다. 영국 유권자들은 관념론에 빠진 사람에게 의심의 눈초리를 보내기로 유명하다. 물론 원칙을 가지는 일은 중요하고, 우리는 원칙 없는 정치인을 원치 않는다. 원칙은 내면 깊숙이 숨어 있어 표면에 올라오지 않아야 한다. 정치인이 그 원칙이 자기의 의사 결정과 관계됨을 드러내자마자 … 자, 위험한 광신자로 보일 것이다.

예를 들면 블레어 전 총리는 독실한 기독교인으로 잘 알려져 있다. 몇몇 인터뷰에서 그는 정책 결정에 종교가 영향을 미치지 않았느냐는 질문을 받았다. 그의 대답은 언제나 종교는 전적으로 사적인 문제이며 총리 역할과는 하등의 관련이 없다는 것이었다. 보라. 원칙은 있지만 위험한 광신도는 아니지 않은가?

그러나 잠시 생각해보면, 블레어의 태도에는 우리를 어리둥절하게 만드는 면이 있다. 블레어 전 총리는 많은 시민들의 영혼이 위태롭다는 것을 믿어야 한다. 그런데 시민들이 기도를 올리고 교회에 다니는 대신 간음과 약물 사용 같은 죄악을 일삼고 있지 않은가? 이 방황하는 영혼들은 지옥의 불길 속에서 영원히 살아야 하거나, 간발의 차이로 천국에 가지 못할 크나큰 위험에 처해 있다. 전 총리가 자신의 에너지를 대중교통이니, 가난한 아이들의 3차 교육이니, 80대 노인의 고관절치환술이니 하는 잠깐에 불과한 속세의 삶의 질 같은 사소한 일에 쏟아 붓고 이런 중대한 일에는 아무 관심이 없다는 것이 이상하지 않은가? 플라스틱 고관절도 지옥에 가면 아무 소용도 없다! 사람들을 교회로 인도하라! 블레어 전 총리가 종교적인 믿음과 정치적인 믿음을 적절히 조합해 가졌는지도 모르겠다. 이것이야 말로 자각 없이 내버려진 영국 시민들을 향한 그의 태도가 심드렁한 이유를 설명해준다. 그러나 자신의 생각이 정말로 어떤지 그는 우리에게 설명해주지 않는다. 그럴 필요도 없다. 관념론을 좋아하지 않는 우리의 성향으로 볼 때 이 문제를 알아보려고 하는 사람은 아무도 없을 것이기 때문이다. 그런 일을 캐내려고 한다면 위험한 광신도처럼 보일 것이다.

분별력 있는 영국 정치인은 이데올로기는 속으로나 생각하지 드러내지 않는다. 그러나 정적의 의견에는 반대해야 한다. 정치인이 어떤 정책의 찬반을 밝힐 때 지표가 되어줄 일반적인 원칙의 핵심, 즉 의견 대립의 진짜 근거는 대중 앞에 단지 모호하게 제시된다. 정치적인 논쟁이 논점 회피의 수렁으로 빠져버리는 이유다.

예를 들어보자. 총리는 더 많은 환자가 NHS 병원에서 치료받을 수 있도록 세금을 올려야 한다고 주장했다. 누가 이 의도를 의심하겠는가? NHS 경영이 보기보다 더 무능하지 않은 이상 수백억 파운드에 이르는 엄청난 초과 예산을 들인 결과가 고작 환자 몇 명을 더 치료하기 위한 것은 아니라고 상상하기는 어렵지 않다. 그러나 현재 논쟁의 맥락에서 이런 세금 지출의 옹호는 논점을 회피하고 있다. 이 정책을 반대하는 사람 대부분이 의료서비스에서 정부의 역할이 축소되어야 한다고 생각하기 때문이다. NHS 적용을 더 늘리는 일은 정확하게 반대자들이 잘못되었다고 생각하는 점이다. 설사 이것이 명백하게 말로 표현되지 않는다고 해도 말이다.

당신은 가정 폭력을
그만둔 적이 있습니까?

솔직한 진술은 논쟁을 불러일으키는 가정을 포함할 수 있다. 예컨대 소득세 감세를 '증여'라고 기술하는 것은 시민의 총소득이 시민이 아닌 정부의 재산이라고 가정하는 것이다. 정부의 지출안을 관대하다고 기술하는 것도 같은 가정을 담고 있다. 다른 사람의 돈을 주는 일은 관대함의 미덕이라고 하지 않는다. 자기 것을 남에게 줄 때만 그렇다.

모든 사람의 총소득이 정부 재산이라고 말하는 것은 옳을 수 있지만, 그렇게 생각지 않는 사람과 논쟁하면서 간단히 가정해버린다면 당신은 논점을 회피하는 것이다. 정부 지출을 관대하다고 기술하는 것처럼 암시적으로 가정하는 언어를 써서 당신 역시 논점을 벗어난다는 의미다.

오로지 진술만이 이렇게 위장한 방식으로 논점을 회피하는 것은 아니다. 질문도 가능하다. "아내를 때리는 것을 중단해본 적이 있습니까?"라는 질문은 유명한 예다. '예'든 '아니요'든 당신은 아내를 구타하는 남편으로 대답하는 입장이 되고 만다. 정말로 아내를 구타하는 사람인지 아닌지가 논쟁의 요지라면 이 질문은 논점을 회피하는 질문이다.

심지어는 이름도 논점을 회피할 수 있다. '냉전 평화운동The Peace Movement of Cold War'이 좋은 예다. 이 단체는 서방측의 일방적인 군비 축소이긴 해도 핵무기 감축을 주장하는 사람들로 구성된다. 그들은 이런 일이 평화를 촉진하고 세상을 핵무기 아마겟돈에서 구할 수 있다고 생각한다. 그러나 반대의 생각을 가진 집단은 핵의 억제력을 믿는다. 이들은 핵 억제력으로 평화를 촉진하고 세상을 핵무기 아마겟돈에서 구할 수 있다고 믿는다. 이 논쟁의 어느 한쪽에만 평화운동이라고 이름 붙이는 것은 뻔뻔하다는 것을 당신도 인정할 것이다.

이렇게 논란을 낳는 주장에 내재된 가정에 대해 걱정하는 일은 지나치게 세세한 데 얽매이게 하므로, 세세함이 오히려 오해를 불러일으키기도 한다. 그렇다고 해도 당신은 진실에 대한 흥미를 잃어버리면 안 된다. 버트런트 러셀이 말한 대로 학자연하는 사람은 그저 자신의 생각이 진실이기를 바랄 뿐이다.

10 장

나는 믿지 않는다

—

우연

b a d

t h o u g h t s

b a d

t h o u g h t s

b a d

t h o u g h t s

나는 업무 때문에 은행의 재무 관리자들과 자주 만난다. 아마 당신은 그 시간이 상당히 지루하다고 생각할 것이다. 보통은 그렇다. 하지만 때때로 놀라운 말을 듣게 된다. 지난달만 해도 나는 우리가 논의하던 사건을 순전히 우연이라고 말하는 실수를 저질렀다. 그는 동정과 경멸 중간쯤의 표정으로 나를 바라보며 "나는 우연을 믿지 않습니다!"라고 일갈했다.

흥미로운 말이었다. 그는 관리자고, 은행의 재무 안전을 관리하는 일을 하며, 우연은 믿지 않는다고 선언했다. 이것은 경찰서장이 자기는 강도를 믿지 않는다고 말하고, 소방관이 연기가 피어오르는 현장을 보고도 의심을 표현하는 것이나 마찬가지다.

어떤 은행이라도 금융 안전에 위험이 되는 일에 직면할 수 있다. 대출받은 사람이 대출금을 갚지 않을 수도 있고, 은행이 소유한 채권과 주식 가격이 폭락할 수도 있다. 닉 리슨1995년 닛케이지수 선물거래로 거액의 손실을 가져와 은행을 파산시켰다. 베어링은행은 1파운드에 ING에 매각되었다—옮긴이이 베어링은행에서 저지른 것처럼 부정 거래로 한 탕할 건수를 노리는 직원이 있을 수도 있다. 순전히 우연으로 이런 일들이 동시에 터져 피해가 커질 수도 있다. 재무 관리자의 업무에는 우발적인 사건에 대비하기 위해 은행 자금의 어느 정도 액수를 보험에 들지 계산하는 일도 포함되므로, 우연의 가능성을 염두에 두는 것이 최선이다.

우연을 믿지 않는다는 태도는 자기가 그 분야에 빈틈없는 사람이라는 허영심에서 나온 과시욕의 일부다. 낯선 사람을 믿지 않고, 책상에서는 돈도 세지 않으며, 우연을 믿지도 않는다는 것이다. 하지만 우발적인 일은 언제나 일어나고, 통계학도 우연이 있다고 보장하는데 그런 태도는 안타까울 따름이다. 또한 우연을 믿지 않는 것은 실제로 존재치 않는 일을 믿게 만든다. 우연한 일을 설명하기 위해 상상력을 동원해야 하기 때문이다.

이 장에서는 직원에게 허무맹랑한 액수의 월급을 지불하는 것에서부터 신을 믿는 일까지 단순한 우연을 인지하지 못할 때 저지르는 실수를 살펴본다.

당신이 예상한 일

───

크리켓 경기에서 타자가 0점에서 아웃당하는 일이 가장 흔하지만 한 이닝에 100점 이상 득점하는 일도 가능하다. (당신은 왜 크리켓 선수가 0점에서 가장 많이 퇴장당한다고 생각하는가?) 나는 전에 (라디오에) 크리켓 프로선수들이 패널로 나와 이 사실을 설명하는 것을 들은 적이 있다. 이에 대해서는 두 가지 설명이 널리 통용되는데, 하나는 타자가 공격 이닝에 나섰지만 점수는 0점이고, 아직 '눈이 적응'할(날아오는 공의 속도와 스윙, 공의 바운드 등) 시간을 가지지 못했다는 것이다. 다른 하나는 타자가 몇 득점을 올릴 때까지 초조하기 때문이라는 것이다. 둘 다 왜 더 높은 점수에서보다 0점에서 투구(delivery, 야구에서 피치와 같다)를 맞은 타자가 아웃당할 가능성이 더 높은지를 설명하고자 했다.

하지만 타자가 0점에서 가장 자주 아웃당하는 이유를 설명하기 위해 필요한 것은 그것이 아니다. 설사 타자가 맞는 매번의 투구가 점수와는 상관없이 아웃시킬 가능성이 같다고 해도, 크리켓 득점 방식 때문에 선수가 가장 자주 퇴장당하는 점수는 0점이 된다. 타자는 언제나 0점부터 시작하고 투구 때마다 아웃당하거나 아니면 0점에서 6점 사이의 점수를 얻는다. 곧 타자가 대부분의 투구에서 얻는 득점이 0점이라는 의미다. 따라서 당신은 0점이 타자가 가장 자주 아웃당하는 점수라고 '예상'해야 한다. 새로운 환경의 적응, 초조함, 기타 다른 설명을 만들어낼 필요도 없다.

타자가 0점에서 아웃당하는 빈도가 이 경기의 득점 방식으로 예상되는 수보다 클 때에만 이 통계를 설명하기 위해 경기 득점 방식 외의 해석이 필요할 것이다. (라디오 프로그램에서는 그런 경우인지 아닌지 전혀 언급되지 않았다.)

크리켓 경기에서 얻는 교훈은 생활에 전반적으로 적용된다. 어떤 일을 통계적인 사실로 설명하려고 한다면 당신이 애초의 예상에서 벗어나지 못한다. 당신은 모든 일이 확률에 따라 이루어지기를 기대한 것이다. 이는 타자가 가장 자주 아웃당하는 점수처럼 단지 전형적이거나 평균적인 결과를 고려할 때만이 아니라 특별한 사건을 다룰 때도 마찬가지다. 특별한 사건이란 것도 당신이 일어나리라고 예상한 것이다. 단지 가끔씩 일어날 뿐이다.

투자은행에서 일하는 채권 거래자를 생각해보자. 어떤 채권 거래자들은 단순히 고객을 대신해 채권을 사고파는 명령을 이행하지만, 자기자본 거래자는 은행을 대신해 거래한다. 이들 가운데 일부는 고용된 은행을 위해 엄청난 돈을 벌어들인다. 은행들이 굉장한 연봉과 보너스를 제시하면서 서로 데려가려고 맹렬하게 경쟁을 펼치는 이른바 '스타 트레이더'다. 그러나 이들이 고액을 받을 만한 능력이 있다고 믿을 만한 근거는 어디에도 없다. 스타 트레이더들을 스타로 만들면서 거액의 이윤을 낸 거래는 행운 이상, 아무 것도 아닐 수 있다. 이 문제로 더 깊이 들어가기 전에 카드 게임 챈시Chancy를 살펴보는 것이 유용할 것이다. 챈시의 규칙은 간단하다. 잘 섞은 카드 다발을 앞면을 밑으로 해서 흩어놓는다. 카드 다발에서 아무 카드나 한 장 뽑으면 게임이 시작된다. 뽑은 카드가 7이면 점수는 없다. 7보다 높으면 7점을 뺀 나머지 점수를 얻는다. (예컨대 퀸이면 점수는 5점이다.) 카드가 7보다 낮으면 7점을 뺀 점수를 잃는다. (예컨대 5를 뽑았으면 2점을 잃는다.) 매번 자기 순서 다음에 뽑은 카드를 다시 카드 다발에 넣어놓고 잘 섞는다. 모두가 합의한 횟수만큼 카드를 뽑은 뒤 가장 점수가 높은 사람이 승자가 된다.

장기적으로 보면 평균 점수가 0점으로 향할 것으로 예상해야 한다. 카드를 뽑을 때마다 따고 잃는 점수의 가능성이 같기 때문이다. 그러나 연이어 행운이 터져 큰 점수를 얻는 것도 불가능하지 않다. 반대로 그런 행운이 연이어 생길 확률을 계산해낼 수도 있다.

이를 테면 연속으로 다섯 번 점수를 얻을 카드를 뽑을 확률(7보다 높은 카드를 뽑을 확률)은 2퍼센트고, 큰 점수를 얻을 카드를 뽑을 확률(잭 이상 좋은 카드를 뽑을 확률)은 0.065퍼센트다.[26]

---

26 2%=(24/52)5, 0.065%=(12/52)5. 24는 7보다 높은 카드 수, 12는 10보다 높은 카드 수, 52는 전체 카드 수.

만일 많은 수의 사람들이 앉아 다섯 번을 뽑는 챈시 게임을 한다면 당신이 점수를 얻을 수 있는 확률이 2퍼센트, 큰 점수를 얻을 수 있는 확률이 0.065퍼센트(1500 중에 1)라고 예상할 수 있다는 의미다. 승자들은 다른 사람은 없는 특별한 기술을 가진 것이 아니다. 이 게임의 결과에 영향을 미칠 능력을 개발한 방법은 없다. 승자는 우리가 게임을 시작하기 전부터 누군가에게 운이 따른다고 예상하는 것처럼 운이 좋았을 뿐이다. 챈시 게임 규칙이 표본이 충분히 크다면 평균 점수가 0점이 된다고 보장하듯이 게임자 가운데 일부는 큰 점수를 따리라는 것도 보장한다.

자, 이제 채권 거래로 돌아가보자. 이것이 챈시 게임과 무척 유사하다는 점은 논쟁이 뜨겁다. '높은 점수'를 올리는 거래자들은 운이 아니라 능력이라고 재차 강조할 것이다. 그러나 그것은 내가 강조하고자 하는 점과는 무관하다. 설사 채권 거래가 능력의 문제라고 하더라도 여전히 운이 따라야만 이길 수도 있다. 채권 가격은 그 폭이 크든 적든 올라가기도 하고 내려가기도 한다. 설사 거래자가 동전을 던진 결과에 따라 채권의 매매를 결정했다손 치더라도 운만 따라주면 크게 이익을 낼 수 있다.

그렇다면 당신이 투자은행을 소유하거나 경영하고 있다고 가정해보라. 당신의 자기자본 거래자 가운데 한 사람이 연속 다섯 번이나 많은 이익을 내 은행에 거액을 안겨주었다. 독일은행이 이 놀라운 위업을 듣고 연봉 75만 달러에다 최소한 200만 달러의 보너스를 보장하는 조건으로 그 직원을 몰래 데려가려고 한다. 당신은 스타 트레이더를 지키기 위해 더 높은 연봉을 불러야 할까 아니면 대운을 이미 써버려 다시 행운이 찾아올 리 만무한 사람과 기분 좋게 작별인사를 나누어야 할까?

이 문제에 대답할 수 있는 방식은 두 가지다. 하나는 바로 앞에서 제시했다. 만일 이것이 능력이라면 성공적인 거래는 유지되어야 한다. 당신의 거래자를 지켜보라. 그의 성공이 다른 많은 거래자를 상회하고, 다양한 시장 환경(추세, 변동성 등)에서도 지속된다면 운에 따른 결과일 가능성은 제로에 가까울 것이다. 그 사람은 금융의 마법사인 것이 분명하다.

두 번째 방법은 당신의 트레이더가 어떤 정보를 이용할 수 있었고, 어떻게 결정을 내렸는가를 살펴보는 것이다. 채권 가격 변동을 예측하는 일이 가능했거나 확률을 깨버릴 거래 전략을 썼는가?

능력이냐 운이냐 하는 문제에 답하기란 쉽지 않다. 채권 거래에서 무작위적으로 분포되는 수행능력을 예상하기란 챈시 게임 점수 분포를 계산하는 것보다 더 어렵다. 채권 시장은 간단한 카드게임보다 더 복잡하기 때문이다. 따라서 트레이더의 성과가 행운의 결과라고 말하는 것이 합리적인지 아닌지도 구별하기도 힘들다. 이런 복잡성은 트레이더의 의사 결정 과정이 어떤 이점을 발휘했는지도 알아내기 쉽지 않게 한다. 그러나 당신이 투자은행 경영자라면 이 난해한 문제의 답이라도 찾아내야 한다. 그렇지 않으면 단순히 운이 좋았던 일로 엄청난 대가를 지불해야 할지도 모르기 때문이다.

그런데 희한하게도 은행들은 이 능력이냐 운이냐 하는 문제를 놓고 진지하게 고민하지 않는다. 그들은 그저 연속되는 성공이 금융 마법의 근거라고 가정할 뿐이다. 설사 그 성공이 얼마간의 행운만 따라도 되는 일이어도 그렇다. 액수가 충분히 클 때는 단지 한두 번만 이익을 내도 엄청난 금액이 된다. "이거 봐. 누가 5억 달러를 벌었대. 이걸 단순한 운이라고 말할 수는 없어!" 이것은 1990년대 후반에 신흥 국채國債시장의 몇몇 트레이더들에 대해했던 말 그대로다. 이 트레이드들은 바로 며칠 전에는 러시아 정부가 채무불이행을 선언했을 때 은행에 몇 백만 달러의 손실을 입혔다.

투자은행들이 걸핏하면 엄청난 돈을 경쟁관계에 있는 은행의 잘 나가는 트레이더에게 제공하는 것을 보면, 트레이더들이 능력 덕분에 성공을 거둔다고 가정해버리는 듯싶다. 이 트레이더들을 끌어들이는 은행은 그들이 쓰는 전략이 무엇인지도 모른다. 아마도 동전을 던져 앞면이 나오면 사고 뒷면이 나오면 팔지도. 새로운 고용주도 그 비밀을 모를 뿐 아니라 개의치도 않는 것 같다.

투자은행 경영자들은 원시부족들과 똑같이 행운이나 불행이 찾아오는 이유가 그 사람이 지닌 자질 때문이라고 믿거나 아니면 실제로 운 따위는 전혀 없다고 생각하는 것처럼 보인다. 그렇다면 나는 그들에게 새로운 사업을 시작하라고 권한다. 전에 복권에 당첨된 경험이 있는 사람들을 고용해 복권을 사는 것이다. 이 복권 마법사들의 연봉은 무제한이어야 한다.

동종요법의 우연한 치유

내 친구 하나는 동종요법을 믿는다. 한번은 그가 아픈 개도 동종요법으로 나았는데 위약 효과가 아니라고 나를 설득하려고 한 적이 있었다. 그의 말이 동종요법의 위약 효과에 관한 논증이라면 나쁘지 않다. 개는 자기가 약을 먹는지도 모르므로 아픈 증상이 나았다면 정신적인 영향일 리는 없다. 그러나 친구는 내가 제기하고자 하는 문제를 잘못 짚었다. 나는 동종요법이 위약 효과로 영향을 준다고 생각하지 않는다. 그것이 전혀 효과가 없다고 생각하는 것이다.

치료된 개를 앞에 놓고 내가 어떻게 이런 회의적인 생각을 계속해서 품을 수 있는가? 또한 몇 번이나 같은 병을 동종요법으로 치유받은 친구를 보고서도 어떻게 그럴 수 있을까? 상당히 간단한 문제다. 개와 내 친구는 동종요법 약을 먹었거나 않았거나 회복되었을 것이다. 동종요법 약을 복용한 것이 회복보다 선행되기는 했지만 그 약이 치유 작용을 했다고 볼 수 없다. 그 효과는 단순히 우연일지도 모른다.

어떤 일 뒤에 일어난 일을 보고, 전자를 원인이라고 생각하는 오류는 무척 유명해서 라틴어 명칭도 있다. '이 다음에 그러므로 이 때문에post hoc ergo propter hoc'라는 오류다. 사건은 순서대로 일어날 수도 있고, 인과관계가 아니어도 아주 근소한 시간차로 발생할 수 있다. 내가 자리에 앉자마자 전구가 나갔다. 그렇다고 내 행동이 전구를 나가게 만든 것은 아니다.

사건 A가 사건 B를 야기한 경우는 오직 사건 B의 발생이 사건 A에 좌우될 때뿐이다. 즉 사건 A가 없었다면 사건 B가 일어나지 않았을 경우다. 앞에 말한 전구의 경우, 이런 조건이 충족되지 않는다. 전구가 나간 것이 내가 자리에 앉는 일로 결정되지 않기 때문이다. 내가 앉지 않았더라도 전구는 나갔을 것이다. 따라서 B가 A에 좌우되지 않더라도 A 뒤에 이어질 수 있다.

누구도 자리에 앉은 행동이 전구를 나가게 만들었다고 생각지 않을 것이다. 세상이 그런 식으로 돌아가지 않는다는 것쯤은 다들 안다. 다시 말해 자리에 앉은 것은 전구를 망가뜨릴 종류의 일이 아니다. 세상이 어떻게 돌아가는지 아는 것, 곧 어떤 종류의 일이 어떤 결과를 낳는지 아는 것은 단순히 몇 가지 일을 관찰하는 것이 아니라 어떤 일이 무엇을 따라 전개되는지 관찰하는 데 달려 있다. 개 한 마리가 동종요법 약을 먹은 다음에 병이 나았다는 사실 하나가 동종요법이 치유력이 있다는 주장을 입증하지는 않는다.

그렇다면 이 같은 인과관계의 주장은 어떻게 확인할 수 있을까?

첫째, 인과관계의 개연성을 살펴보자. 다시 말해 '만일 A가 일어나지 않았더라면 B도 일어나지 않았을 것이다'라고 말하는 것이 아니라 '만일 A가 일어나지 않았더라면 B가 일어날 확률이 더 낮았을 것이다'라고 보는 것이다. 원인은 결과가 일어날 확률을 더 높인다. 이는 흡연이 암을 유발하고, 정기적으로 복권을 사면 가난해진다는 것과 같은 이치다.[27]

이제 동종요법이 독감을 치료한다는 우리의 인과 가설을 들여다보자. 바로 '동종요법 약물을 복용한 경우, 그렇지 않을 경우보다 일정 기간 내에 회복할 확률이 더 높다'다. 독감으로 고통받는 환자들을 큰 두 집단으로 나눈다. 대상자들은 모두 연령 분포, 성별, 인종, 전반적인 건강 상태 등에서 같은 특징을 갖고 있다. 한 집단에게는 동종요법 약물을 주고(실험집단), 다른 집단에게는 약

27 인과관계가 개연성이 있다는 생각은 현재 과학자들과 철학자들 사이에서 폭넓게 받아들여진다. 확률적 인과관계의 경우 본질적이 아니라고 해도 양자물리학의 확률론적 특성은 많은 사람들이 확신한다.

물을 주지 않는다(통제집단). 그런 다음 각 집단의 회복 시간을 확인한다.

약물을 복용하지 않은 집단에서는 회복 시간이 다양할 것이다. 어떤 사람은 놀랍도록 빨리 낫겠지만, 대부분은 일주일쯤 안에 회복하고, 건강해지는 데 몇 주가 걸리는 사람도 있을 것이다.

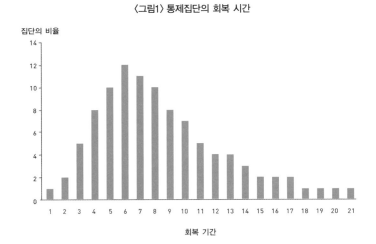

〈그림1〉 통제집단의 회복 시간

이런 결과는 왜 빨리 회복한 사람이 있다고 해서 동종요법의 효능이 입증되지 않는지를 보여준다. 전혀 약을 먹지 않고도 빨리 낫는 사람도 있다. 동종요법이 효력이 있음을 입증하기 위해서는 다음 도표에서 예증하듯 약물을 준 집단의 회복 시간 분포가 통제집단의 회복 시간 분포보다 유의미하게 더 월등해야 한다.

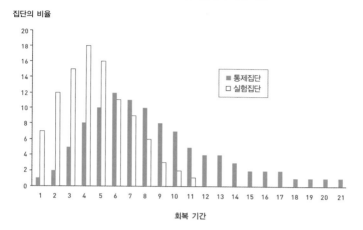

〈그림2〉 실험집단 대 통제집단의 회복 시간

이 같은 실험 결과가 나온 적이 없기 때문에 나는 동종요법에 대한 주장을 믿지 않는다.[28] 동종요법이라고 특별할 것은 없다. 모든 의학이 효능을 입증하려면 이런 실험을 통과해야 한다. 사실 의학이라고 해서 특별할 것은 없다. 무엇이 무엇을 야기했다는 주장이

---

28 자크 방베니스트와 동료들은 1988년 실험 결과가 동종요법을 뒷받침한다고 보고하는 논문을 〈네이처〉지에 발표했다. 그러나 이 결과는 후속 실험으로 재현되지 않았다(Forbes et al, in Nature, 1993). 동종요법은 물의 효과가 그 속에 들어 있는 것이 아니라 거기에 있었던 것에서 나온다는 믿지 못할 사실을 믿으라고 요구하는 것이므로 이에 대한 검증 기준은 특별히 높아야 했다(146-147쪽 참조).

참이려면 이런 실험을 통과해야 한다.

의심스러운 의학적 치료를 믿는 사람들은 부정적인 실험 결과에 대한 대답도 미리 준비해 놓는다. 그들은 이렇게 말한다. "물론, 모든 사람에게 효과가 있지는 않습니다." 이 요법이 어떤 종류의 사람에게 효과적이라고 미리 구체적으로 정해져 있다면 이런 반응은 정당할 수도 있다. 그 대답에 따라 우리가 이 가설을 다시 실험하면 된다. 이 요법이 효과가 있다고 하는 종류의 사람들로만 두 집단으로 나누어 같은 실험을 반복할 수 있다. 만일 그 가설이 옳다면 통제집단에서보다 실험집단에서 더 월등한 회복 분포를 확인할 것이다.

그러나 보통 적합한 종류의 사람이라고 하는 유일한 기준은 사실상 회복한 이들이다. 우리는 출발점으로 돌아오고 만다. 약을 먹고 어떤 사람들은 빨리 회복하지만 다른 사람들은 그렇지 않다는 결과가 나오면, 모든 사람이 약 없이도 똑같이 회복할 것이라고 믿지 않을 이유가 없다.

의학적인 효과가 있다는 주장을 어떻게 실험하는지 간략하게 설명한 앞의 내용에는 논란의 여지가 없다. 그러나 많은 사람들이 자신의 건강과 관련된 이 이야기를 진지하게 받아들이지 않는다. 앞에서 설명한 것과 비슷한 실험으로 고압선 철탑과 암, 항우울제와 자살 사이에 아무런 연관성도 없음이 밝혀졌지만, 그래도 여전히 많은 사람들이 집 뒷마당에 있는 고압선 철탑 때문에 암이 생겼다거나 자기 딸이 복용하던 항우울증 약 때문에 자살했다고 주장한다. 이런 종류의 의료 관련 스캔들은 끝도 없다.

저널리스트들은 암 희생자들이 병을 일으킨 원인을 알고 있다는 주장에 힘을 실어주면서 고개를 끄덕인다. 그러나 그들이 실험 결과와는 반대되는 이런 결과를 어떻게 알게 되었는지는 절대로 설명하지 않는다. 암을 있다는 사실이 어떻게 그 원인을 알아내는 기적적인 능력을 주는가? 그가 아는 전부는 뒷마당에 고압선 철탑이 있고 암에 걸렸다는 것뿐이다. 그것만으로는 고압선 철탑이 암을 유발했다고 확실히 말할 수 없다.

주여, 저를 존재하게 해주서서 감사합니다!

우리 모두의 존재는 드물게 있을 것 같지 않은 일이다. 사정이 약간만 달랐어도, 유산탄이 당신 할아버지의 흉부 5센티미터만 더 오른쪽에 들어갔다면, 기차가 연착되지 않았다면 당신 부모가 그 승강장에서 만나지 못했을 것이고, 그날 밤 약국에 콘돔이 떨어지지만 않았더라도 당신은 존재하지 않았을 것이다. 얼마나 쉽게 이 모든 사건이 일어나지 않았을 수 있었단 말인가. 자, 이제 어떤 생각이 드는가?

그렇다. 이런 기막힌 일을 놓고 많은 사람들이 결코 우연이 아니라고 결론 내린다. 내 존재와 같은 중요한 일이 분명히 우연일리가 없다는 것이다. 아니다. 부모님이 역에서 만난 것이나 약국에 콘돔이 떨어진 것, 아버지가 내보낸 몇억 개의 정자 가운데 20만 3114번 정자가 달리기 우승자가 되어 어머니의 난자를 만나 착상한 것은 다 운명이었다.

이런 생각에 깔린 자만심은 그저 놀라울 따름이다. 만일 일이 다르게 진행되었다면, 예컨대 승강장에서 어머니가 아버지를 만나지 못했더라면 설사 당신은 아니더라도 다른 사람은 존재했을 것이다. 당신 어머니는 다른 사람을 만나 당신이 아닌 다른 사람을 낳았을 것이다. 또한 상황이 다르게 흘러갔더라면 지금 존재하지 않는 다른 사람들이 존재했을 것이다. 당신 아버지의 다른 정자는 다른 사람을 의미한다. 당신의 존재가 운명적이었다고 말하는 것은 운명이든 신이든 무언가가 가능한 수많은 다른 사람보다 당신을 우선시해 존재하도록 이런 일들을 준비했다는 뜻이다. 그렇다면 당신은 진정 특별한 사람이 틀림없다.

대부분의 신학자들은 허식에 이를 정도로 겸손하게 살아가므로 자기가 어떻게 이 세상에 나왔는지에 관해 이런 자아중심적인 견해를 받아들일 생각은 꿈에도 하지 않는다. 그러나 많은 사람들이 신이 존재함을 보이기 위해 자기의 존재가 아닐지라도 모든 인간 존재의 일어날 성싶지 않음을 이용하려 한다. 논쟁은 이런 방식이다. 만일 신이 없다면 인간의 존재 가능성이 얼마나 희박할지 주시하는 것으로 시작한다. 그 다음 이 사실 하나만으로 신이 존재한다고 결론짓는다.

조지 슐레진저는 다음과 같이 주장했다.

> 지난 몇십 년간 최소한 안정적인 우주의 존재에 핵심적이며, 없었다면 우주 어디에도 어떤 형태의 생명도 존재하지 못했을 지극히 드문 우연의 일치가 기대될 만큼 많이 발견되었다. … 지각력 있는 유기체에 관심 있는 신적인 존재가 그[생명에 반드시 필요한 것들]를 만들었다는 가설은 그렇지 않을 경우 설명할 수 없는 놀라운 사실을 적절히 설명해준다.[29]

인간이란 존재는 사실상 존재할 가능성이 희박했다. 우주를 지배하는 자연법칙은 무한히 많은 자연법칙 조합에서 나온 한 가지

---

29 George Schlesinger, 《New Perspectives On Old Time Religion》, Oxford University Press, 1988, pp. 130·133.

에 불과하다. 이 법칙들이 약간만 달랐더라도 우주는 순전히 바위, 나무, 인간 같은 중간 크기 물체에서 떨어져 나온 소립자들의 소용돌이였을 것이다. 실제 자연의 법칙이 주어졌더라도 진화의 역사는 다른 우여곡절을 겪고 인간 존재를 만드는 데 실패했을지도 모른다.

따라서 인간 존재가 있을 법하지 않은 일이었다는 신학적인 논증의 전제는 옳다. 그렇다고 해도 이것이 신의 존재를 믿을 근거를 주지는 않는다. 그 이유를 입증하는 것은 확률적 추론에 흔한 오류를 조명해주므로 유용하다. 그러나 오류를 찾을 필요도 없이 이 논증이 타당치 않음은 금방 드러난다. 어떤 근거도 없이 모든 복권이 부정 조작되었다고 결론 내린다면 타당하겠는가? 우리는 그럴 수 없으며, 나는 당신도 이에 동의하기를 바란다.

질이 복권에 당첨되었다고 해보자. 이런 일이 일어날 확률은 1500만분의 1밖에 되지 않아 가능성이 매우 낮다. 물론 복권 당첨이 질에게 유리하도록 조작되지 않았다면 말이다. 따라서 복권은 질에게 유리하게 조작되었던 것이다. 즉 조지 슐레진저가 말한 대로, 복권이 질에게 유리하게 조작되었다는 가설은 그렇지 않고서는 이해하기 어려울 만큼 놀라운 질의 복권 당첨 사실을 적절하게 설명한다.

질만 특별히 그런 것은 아니다. 대신에 잭이 복권에 당첨되었다고 해보자. 이번에도 역시 잭에게 유리하도록 조작된 것이 아니라면 사실이라고 믿기 몹시 어렵다. 따라서 잭이 복권에 당첨되었다면 우리는 이번에도 역시 복권이 조작되었다고 결론내릴 수 있다. 사실상 누가 당첨되든 우리는 복권이 그 사람에게 유리하도록 조작되었다고 생각할 것이다. 그렇지 않고서는 당첨이 매우 희박하게 일어나는 일이니까.

원래 신학적인 논증도 이와 똑같이 어처구니없는 결과에 이른다. 자연법칙이 실제로 약간 달라져서 인간이 존재하지 않았다고 해보자. 그렇다면 인간을 대신해 다른 존재들이 나타났을 것이다. 그렇다면 그들도 우리 못지않게 있을 법하지 않은 존재였을 것이다. 자연법칙이 약간만 달랐더라도 그들 역시 존재하지 않았을 것이기 때문이다. 물론 신이 그들을 원하지 않았더라면 말이다. 따라서 자연법칙이 어떠하든, 이로 인해 우주에 어떤 일이 있었든 일어날 가망성이 없었던 일은 언제나 신이 존재한다는 결론으로 이끌어진다.

이 논증의 기본적인 오류는 개연성에 관한 혼란이다. 우리는 질문을 던진다. "어떤 가설이 더 있을 법한가? 인간이 우연히 존재하게 되었을까 아니면 신이 창조했을까?" 일반적인 원칙으로는 더 그럴 법한 가설을 믿어야 한다. 어떤 가설이 우리 존재를 더 가능하게 했을까? 명백하게 신은 우리를 어떤 목적에 의해 이 세상에 존재하게 만들었다.

아직 오류를 알아채지 못했다면 다른 경우를 생각해보자. 잭이 포커 게임에서 이겼다고 해보자. 어떤 패가 이런 결과를 낳았다고 보는 것이 가장 그럴듯할까? 로열 플러시다. 만일 잭이 로열 플러시를 가졌다면 그의 승리는 보장된 것이나 마찬가지다. 따라서 잭이 이겼다는 사실로부터 잭이 로열 플러시를 가지고 있었다고 결론 내려야 하는가?

분명 아니다. 로열 플러시가 들어올 가능성은 매우 낮고, 그보다 덜 좋은 패로 승리했을 가능성이 높다. 만일 잭이 로열 플러시를 가졌다면 이길 확률이 가장 높다고는 해도 실제로 잭이 이길 가능성이 가장 높은 패는 로열 플러시가 아니다.

앞의 신학적인 논증에 있는 오류도 이제는 명백해질 것이다.

1번 진술은 2번 진술을 수반하지 않는다.

1. 신이 존재한다고 가정했을 때 인간의 존재는 있을 법하다.
2. 인간의 존재를 가정했을 때, 신의 존재는 있을 법하다.

1에서 2를 추론하는 것은 잭이 이길 가능성을 가장 큰 것은 로열 플러시라는 사실에서 잭이 로열 플러시를 가졌다고 추론하는 것과 마찬가지 오류를 범하는 일이다. 따라서 이 신학적인 논증은 구조적으로 취약하다.

설령 통계학적 오류를 범한다 해도 들어맞지 않는다. 신학자들은 어떤 근거로 포커에서 승자가 될 가능성이 가장 높은 것이 로열 플러시이듯 마찬가지로 인간 존재를 가장 가능하게 만든 것은 신이라고 생각하는가? 어딘가에 신이 위치한다. 신은 다양한 자연법칙, 행성, 피조물, 우리가 상상할 수 없는 온갖 것들로 이루어진 자기가 만들었을 우주를 응시한다. 그리고 신은 이를 선택했다! 나는 기독교인이 이런 방식의 신학적인 논쟁으로 기만하려 들 때 즐겨 쓰는 일종의 자기학대에 빠지려는 의도가 아니다. 이것이 정말로 신이 선택한 최선일까 묻는 것이다.

신의 존재를 가정하더라도 우리 존재는 전적으로 운의 문제다. 신이 이런 종류의 우주를 선호한다는 사실이 전적으로 운의 문제이기 때문이다. 신학자는 이 놀라운 우연을 어떻게 설명하는가? 아마도 그 신이 이런 우주를 선호하는 신들을 선호하는 최고신에 의해 창조되었다고 말할 것이다. 이 또한 결국 운의 문제이다. 따라서 우리는 두 번째 신의 믿을 수 없을 만큼 있을 법하지 않은 선호를 설명하는 무한히 많은 신을 가지게 된다.

나는 자기 부모가 무척 젊거나 나이가 많다고 말하면서 "물론 저는 사고로 생겼죠"라고 말하는 사람들을 만났다. 글쎄, 그들이 이 사실을 받아들일 수 있다면 왜 우리 모두가 인정할 수 없겠는가? 우리의 존재는 어떤 멋진 신의 선호 덕분이 아니다. 그저 맹목적인 운에 따른 것이다. 왜 사람들이 알 수 없는 일로 머리가 아파야 하는가. 그들은 삶이라는 복권에 당첨되었을 뿐이다!

**11
장**

충격적이며
터무니없다

—

통계

통계는 설득의 화학 무기와 같다. 능력 있는 정치인과 사업가 모두가 이 사실을 안다. 논의하는 것에 몇 가지 통계를 끼워 넣으면 효과가 당장 눈앞에 나타난다. 눈빛은 타오르고, 입술은 벌어지고, 곧 모두가 동의하면서 고개를 끄덕일 것이다. 수치를 보면서는 왈가불가하지 못한다.

아니, 할 수 있다. 설사 수치가 옳다고 해도 주장하고자 하는 것을 입증하지는 못하는 경우가 많다. 예를 들어, 항상 신문 논설위원은 변화하는 행동의 통계를 가지고 변화에 대한 결론으로 껑충 뛰어들고 더 심하게는 가치문제로까지 확대한다. 그러나 행동은 가치가 아니라 상황이 바뀌기 때문에 변한다. 10대 아이들은 1980년보다 지금, 거리를 돌아다니며 범죄를 더 많이 저지른다. 이 현상은 10대가 개인의 재산을 덜 존중하기 때문인가 아니면 거리에서 훔쳐갈 것이, 특히나 휴대전화 같은 것이 더 많아져서인가? 사람들은 1950년보다 현재 더 많이 먹는다. 그 이유는 우리가 식탐이 더 많아져서인가 아니면 식비가 더 싸져서인가?

통계에서 잘못된 결론을 끌어내는 일은 흥미로운 실수이지만, 그 통계가 옳았을 경우에만 그러하며 처음부터 잘못된 경우가 많다. 다음 통계를 살펴보자.

- 영국 어린이의 35퍼센트가 가난하게 산다.
- 소규모 사업자의 50퍼센트가 당좌대출 이월액의 이자율 0.25퍼센트를 할인해준다면 은행을 바꿀 것이다.
- 청소년 약물 사용자의 25퍼센트가 부모와 함께 대마초를 피운다.
- 젊은 여성의 2퍼센트가 거식증으로 고통받는데 이 가운데 20퍼센트가 죽음에 이른다.

이 통계들의 출처는 모두 신뢰할 만하지만 이 결과는 단순한 통계학적 방법상의 오류로 나왔다. (출처의 평판이 좋은 이유가 건실한 통계를 내놓기 때문만은 아닌 것 같다.)

내가 이 장에서 보여주고자 하는 것처럼, 이런 오류를 이해하는 일이 어렵지는 않으나 이것은 중요한 문제이다. 만연되어 있는 통계상의 어수룩함으로 인해 이 같은 터무니없는 통계가 의사 결정을 좌우할 확실한 사실로 둔갑된다.

가난한 영국

신노동당 정부는 1997년 권력을 잡은 직후에 충격적인 사실로 우리의 이목을 끌었다. 영국 어린이의 35퍼센트가 가난하게 산다는 것이었다. 물론 절대적인 빈곤은 아니다. 최빈곤층 아동들조차도 음식과 집이 없이, 또 교육과 의료서비스를 받지 못하는 심각한 어려움을 겪지는 않는다. 그보다 이 35퍼센트의 아동은 상대적 빈곤 속에 산다. 현대 영국인의 기준으로 보았을 때 상대적으로 빈곤하다.

앞 장에서 나는 노동당 정부가 '가난'이란 말의 모호성을 제멋대로 이용한다고 불평했다. 그들은 우리가 가난과 싸워야 한다고 주장했다. 왜? 가난은 끔찍하고 문제 투성이다. 그러나 이것은 순전히 말장난에 불과하다. 절대적 빈곤은 끔찍하다(하지만 드물다). 상대적 빈곤은 흔하다(하지만 그렇게 끔찍하지는 않다).

그러나 이런 문제는 제쳐두고, 이 장에서는 영국 어린이의 35퍼센트가 상대적 빈곤 속에 산다는 주장을 살펴보고자 한다. 이 주장이 문제되는 현상을 잘못 측정한 기준을 바탕으로 판단해 통계가 오용되는 흔한 방식을 예증하기 때문이다.

정부는 상대적 빈곤 인구수를 가계소득이 전국 중간가계소득의 60퍼센트 미만인 사람 수로 측정했다. (이런 목적으로 사용하는 소득은 주거비를 제외한 세후 소득이고 가족 수에 따라 달라지는 가구의 경제적 요구를 반영하도록 균등화한 것이다.) 우리는 35퍼센트의 어린이가 이런 가구에 속한다고 받아들여야 한다. 그렇다고 해도 왜 35퍼센트가 상대적으로 빈곤하다고 결론 내려야 할까? 다시 말해 왜 가계소득이 전국 중간가계소득의 60퍼센트 미만인 가구가 상대적 빈곤의 측정치가 되어야 할까?

단적으로 말하면 이것은 좋은 측정치가 아니다. 영국과 같은 나라에서는 가처분소득 불평등을 상대적 빈곤을 측정하기 위한 실제적인 방식으로 이용할 수 없다.

이해하기 쉽게 이웃에 사는 열두 살 소년 둘을 예로 들어 살펴보자. 이들은 같은 수준의 집에 살고, 같은 학교에 다니며, 아프면 같은 의사를 찾아가고, 운동화도 같은 브랜드를 신는다. 사실상 이 두 소년의 물질적인 복지 수준은 단 하나만 차이가 난다. 지미는 부모님에게 일주일에 용돈을 10파운드를 받고, 티미는 5파운드를 받는다. 티미의 가처분소득이 지미의 절반밖에 되지 않으므로 티미가 지미와 비교해 극빈하다고 결론지어야 할까?

분명 그렇지 않다. 지미와 티미의 소비 수준은 거의 비슷하다. 두 사람의 주거, 의류, 학교교육, 의료 등에 드는 비용은 일주일에 100파운드 정도고, 둘 다 용돈을 전부 쓴다고 했을 때 지미는 일주일에 110파운드를, 티미는 105파운드를 지출한다. 지미의 가처분소득이 티미의 두 배라고 해도 지미는 티미보다 겨우 5퍼센트 더 나은 생활을 할 뿐이다.

가처분소득이 지출에서 상당한 비율이 아닐 때, 가처분소득의 차이는 지출 능력의 차이를 과장한다. 또한 상대적 가계 빈곤을 포함해 가난과 관련해서 중요한 것은 소비역량이다.

따라서 상대적 가계 빈곤에 대한 정부의 측정치는 잘못되었다. 지미와 티미처럼 영국의 가구들은 소비의 많은 부분을 가처분소득에서 지불하지 않는다. 가장 중요한 의료비와 교육비는 정부가 부담한다. 또한 정부가 상대 빈곤 측정할 때도 주거비를 뺀 뒤의 가처분소득을 사용하므로 주거비 역시 무료다.

영국 같은 온정주의적 사회에서는 (주거비가 빠진) 가처분소득의 차이가 소비역량의 차이를 과장하고, 따라서 상대적 빈곤으로 고통받는 사람 수도 부풀린다. 이 점은 부의 재분배와는 아무런 관련도 없다. 세금은 높지만 모든 혜택이 국가 서비스가 아니라 현금으로 나온다면 가처분소득이 소비역량을 정확히 반영할 것이고, 상대적 소득이 상대적 빈곤을 평가할 합리적인 기준이 될 것이다. 그러나 사회가 '전부 현금' 모델에서 '전부 국가 서비스' 모델로 바뀌어갈수록 빈곤을 가처분소득으로 측정하는 것은 정확하지 않아진다. 또한 영국은 '전부 현금' 모델과는 거리가 멀다.

영국의 경우, 상대 빈곤이 얼마나 잘못 이해되는지 대략 알아보기 위해 평균 가구가 소비하는 주거비, 교육비, 의료비, 교통비 보조금이 주당 220파운드라고 가정해보자. (정부는 일주일에 교육비로 46파운드, 의료비로 56파운드, 교통비로 12파운드를 지불한다. 그 외 주거비로 106파운드까지 해서 220파운드를 지급한다.) 상대적인 소비역량의 공정한 지표를 얻으려면 이 220파운드를 다시 주거비용을 뺀 가처분가계소득에 더해야 한다. 중간가계소득이 주당 300파운드이면 중간소비 역량은 520파운드다.

정부가 상대적 빈곤이라고 주장하는 소비역량은 무엇일까? 알수는 없으나 정부가 중간가계소득의 60퍼센트를 고수한다고 가정해보자. 520파운드의 60퍼센트는 312파운드다. 모든 가구가 주거비와 정부 서비스로 220파운드를 받으므로 상대적 빈곤은 주거비를 제한 가처분가계소득이 현재의 180파운드(즉, 300파운드의 60퍼센트)가 아니라 92파운드(520파운드의 60퍼센트인 312파운드에서 주거비 정부보조 220파운드를 제함) 미만이어야 한다. 수정된 수치에 의하면 가구의 10퍼센트만이 상대적 빈곤 속에 산다.

나는 중간소비 역량의 60퍼센트가 빈곤의 옳은 측정치라고 말하지 않았다. 마찬가지로 영국 가구의 10퍼센트만이 상대적 빈곤 속에 산다고 말하지 않을 것이다. 나는 다만 가처분소득이 분명 옳은 측정치는 아니며, 우리가 존재한다고 믿는 빈곤자 수가 어떤 측정치를 선택하느냐에 따라 아주 크게 달라진다는 것을 입증하려 했을 뿐이다.[30]

빈곤, 행복, 아름다움처럼 측정키 곤란한 것을 포함하는 통계치를 제시할 때는 항상 측정법을 확인해야 한다. 이 통계가 어떤 목적으로는 쓸 수 있지만 다른 경우에는 쓸 수 없는 조악한 근사치일 수도 있고 아니면 명백하게 틀렸을 수 있다.

그러나 이런 위험성을 경고하기 위해 측정치의 좋고 나쁨을 구별할 수 있는 일반적인 지침을 제공할 수는 없다. 각각의 측정치마다 살펴봐야 한다. 저널리스트, 정치인, 경제가들은 어떤 방법으로 측정치를 얻었는지 별다른 정보도 주지 않은 채 자신이 주장하는 통계적인 사실만을 제공하기 때문에 자세히 알아보기가 쉽지는 않다. 따라서 열린 비평적 태도를 취하는 것이 적절하다.

---

30 상대적 빈곤의 더 적절한 측정치는 일반 시민이 생각하는 남부럽지 않은 삶에 필요한 최저치가 어느 수준인지를 가늠하는 것이다. 그 수준은 국가의 전반적인 부와 더불어 시기와 지역에 따라 달라질 것이므로 상대성을 가진다. 가처분소득과 국가 보조금을 합해도 남부럽지 않은 수준의 소비를 하기 어렵다면 상대적으로 빈곤하다고 말할 수 있다.

통계에 숨어 있는 거짓말

제품 가격을 비싸게 매기면 팔 때마다 올리는 이윤(단위 이윤)은 올라간다. 그렇다면 왜 터무니없을 정도로 높은 가격을 붙이지 않는가? 그랬다가는 전혀 팔리지 않을지도 모르기 때문이다. 단위 이윤과는 반대로 판매량은 가격이 올라갈수록 줄어든다. 대부분의 사업가들이 바라는 대로 총이윤을 최대화하려면 단위 이윤과 판매량 사이의 알맞은 교차점이 되는 적절한 가격을 매겨야 한다.

가장 적당한 가격을 찾기 위해서는 주어진 가격에서 단위 이윤과 판매량을 알아야 한다. 주어진 가격의 단위 이윤은 비용만 알면 간단히 계산할 수 있다.[31] 그러나 가격이 판매량에 어떻게 영향을 미치는지 이해하려면 고객의 가격 민감성을 알아야 하는데, 이해하기가 훨씬 어렵다.

실험도 위험할 수 있다. 추정이 틀려서 고객을 모두 잃을 수 있으며, 판매량을 올리지도 못하고 단위 이윤만 내리는 결과가 될 수

---

31 여기서는 단순화해 계산했다. 비용 부분이 고정되면(즉, 텔레비전 광고같이 판매량에 따라 변화가 없으면), 거꾸로 평균 단위 비용이 판매량에 따라 달라지기 때문에 단위 이윤 또한 판매량에 의존적이 된다. 대부분의 사업이 고정 비용이 있으므로, 주어진 가격에서 단위 이윤을 알려면 역시 그 가격대의 판매량을 알아야 한다. 이 문제의 핵심, 곧 가격이 어떻게 판매량에 영향을 미치는가를 알아야 한다.

도 있다. 이런 이유로 회사들이 가격을 바꾸기 전에 시장 조사를 수행한다. 안타깝게도 아주 단순한 이유로 이런 실험이 종종 잘못된 결과를 산출한다. 사람들이 거짓말하는 것이다. 구체적으로 말하자면 소비자들이 실제보다 더 가격에 민감하다고 주장한다.

최근에 나는 네덜란드의 소규모 사업 경영자들에 대한 조사를 의뢰했다. 경영자들이 은행을 바꾸는 할인율이 얼마인지 알아보기 위해서였다. "당신은 당좌대출 이월액에 대해 현재 은행보다 0.25퍼센트 낮은 이자율을 제공하는 은행으로 거래 은행을 바꿀 의향이 있습니까?"라는 질문에 대답은 '바꾼다' '바꿀 가능성이 높다' '바꿀 수도 있다' '바꿀 가능성이 낮다' '바꾸지 않는다'였다.

만일 당신이 이 조사 결과를 액면 그대로 받아들인다면, 약간만 할인해도 네덜란드의 소규모 사업 경영자들이 당장 은행을 바꿀 것이라고 생각할 것이다. 그러나 실제로 일부 네덜란드 은행들이 소액의 할인을 제공하고 있지만 소규모 사업가들이 그 은행과 거래하기 위해 긴 줄을 늘어서는 일은 벌어지지 않았다.

경영자들이 소액 할인으로는 은행을 바꾸지 않는 것은 그럴 경우 시간상 비용이 더 많이 들고 할인으로 얻는 이익보다 성가신 일이 더 많기 때문이다. 당좌대출 이월액 2만 달러의 0.25퍼센트면 이익을 보는 금액은 1년에 겨우 50달러지만 은행을 바꾸는 일은 엄청나게 골치 아프다.

그렇다면 왜 사람들이 은행을 바꾸겠다고 응답한 걸까? 나도 잘 모른다. 짐작컨대 그들은 자신을 더 좋은 거래를 할 수 있는 기회라면 놓치지 않는 통찰력이 날카로운 사업가로 생각하고 싶은 모양이다. 또한 은행을 바꾸겠다고 말만 하는 일이야 실제로 바꾸는 것보다 시간이 들지도 않고 귀찮지도 않다.

단순히 사람들에게 어떤 경향이나 습관이 있냐고 질문해 데이터를 얻은 조사 결과는 일단 의심하는 것이 보통은 최선이다. 사람들은 온갖 이유로 자신을 제대로 나타내지 못한다. 설사 응답자들이 속일 의도는 없었고, 스스로에게만 거짓말을 했더라도 결과는 여전히 신뢰할 수 없다. 예를 들어 만일 당신이 (이탈리아) 남성의 성적인 능력에 관해 알고 싶다면 그들에게 질문해서 정보를 얻으라고는 권하고 싶지 않다.

어떤 사람들이 자신의 의향을 제대로 표현하지 못할지는 미리 알기 어렵다. 예컨대 당신은 국민총선거에서 누구에게 투표할지를 물었을 때 사람들의 대답을 신뢰해도 된다고 생각할 것이다. 그러나 그렇지 않다. 1992년 총선거에서 영국 보수당의 승리는 노동당의 압승을 예상했던 대부분의 여론조사기관의 예상을 뒤엎은 것이었다. 어째서 조사결과가 그렇게 틀렸는지 투표 후에 분석했는데, 바로 보수당에 투표한 많은 사람들이 익명의 여론조사에서까지도 보수당을 지지하는 사실을 인정하기 꺼렸기 때문이었다.

따라서 조심하라. 토리당원조차도 은밀히 인정하기 때문에 믿을
수 없다면, 보이는 대로 받아들일 수 있는 일은 거의 없다고 보아
야 한다.

아빠와 함께 마약을?

신문에서 정말 뉴스다운 뉴스를 발견하면 언
제나 기분이 새롭다. 〈타임스〉2003년 2월 24일자 2면에서 '마약 부모'
라는 헤드라인을 보았을 때, 나는 이런 뉴스를 만났다고 생각했
다. 신문에는 "미성년자 약물 사용자의 거의 4분의 1이 부모와 함
께 대마초를 피운다"라고 나와 있었다. 영국의 가정생활이 죽어버
린 것은 아니었다!

그러나 기사를 읽을수록 통계가 믿을 수 없다는 생각이 들었다.
그 통계는 레이브 잡지 〈믹스매그〉의 독자 493명을 대상으로 조사
한 결과였다. 당신도 뭐가 문제인지 알 것이다. 설사 〈믹스매그〉지
의 질문에 끝까지 응답한 사람들이 자기의 약물 습관을 솔직하게
말했다고 하더라도 그들이 미성년자 약물 사용자를 대표하는 표
본이 되기는 어렵다. 우선 그들은 약물 사용 습관에 관해 정보를
나누기 원하는데, 이것은 그들이 부모와 함께 약물을 할 가능성을

일반적인 경우보다 높인다. 뿐만 아니라 이들이 악명 높을 정도로 마약으로 범벅된 광란의 파티를 다룬 잡지를 읽는다는 무시 못할 사실도 있다. 이들은 전형적인 미성년자자 약물 사용자가 아니라 열광자들이며 약물 세계의 '트레인 스포터train spotter, 취미로 기차를 관찰하고 기관차 번호를 기록하는 사람, 즉 사소한 것에 관심이 많은 사람-옮긴이'들이다.

이 통계는 표본 편향sample bias의 결과다. 이 표본은 전반적인 미성년자 약물 사용자의 특징을 대표하지 않을 뿐더러 산출된 결과에 의문을 갖게 한다.

통계에서 표본을 수집할 때 표본 편향을 피해야 한다는 사실은 잘 알려져 있지만 이런 오류는 흔히 볼 수 있다. 〈타임스〉 같은 신문은 정치적인 여론 조사 결과를 자주 싣고 또한 직접 조사하기도 하므로 그런 실수를 해서는 안 된다. 그러나 사람들의 이목을 집중시킬 헤드라인이 되기만 한다면, 이들은 앞의 예가 보여주듯이 심하게 편향된 조사 결과도 마다하지 않는다.

내가 말한 약물 통계는 편향된 표본, 다시 말해 표본이 표본 자체를 선택하게 해 잘못된 결과에 이른 예다. 어떤 조사에 자발적으로 참여하는 사람들은 조사와 관련된 일에서 일반적이지 않다. 즉, 다른 사람들보다 더 열정적이다. 따라서 그들에게는 진실이 대중에게는 진실이 아닐 가능성이 높다.

약 10년 전에 라디오와 신문들이 스페인으로 휴가를 가는 영국 여자 가운데 40퍼센트가 그 나라에 도착한 지 5시간 안에 처음 만난 사람과 섹스를 한다는 통계를 흥분을 감추지 못하면서 발표한 적이 있었다. 한 여성 잡지가 독자를 짜릿한 휴가 섹스 경험에 참여하도록 초대한 다음 조사해 내놓은 통계였다.

더 넓게는 자기 선택 편향은 왜 정치인들이 시위자, 편집자에게 편지를 보내는 사람, 심지어는 연례 전당대회에 참여하는 당원의 견해를 호쾌히 무시해버리는지 설명해준다. 오로지 열광자들만이 정치 활동에 참여하고 대부분의 유권자들은 광신적이 아니기 때문이다.

대부분의 표본 편향은 상당히 명백하지만 일부는 찾아내기 어렵다. 예를 들어 실업 상태의 평균 기간을 알기 위해 '스냅샷snapshot' 접근법을 취하는 것이 합리적일까? 1년 중 어느 날짜를 정해 실업자 집단 일부와 접촉해서 얼마나 오랫동안 실업 상태였느냐고 물었다고 해보자. 표본이 충분히 클 경우에는 대답의 평균은 실업을 경험한 모든 사람들의 평균 기간일 것이다.

사실상 이 표본은 결과가 상향으로 나타나도록 극적으로 편향되어 있다. 장기간 실업 상태인 사람은 단지 단기간만 실업 상태인 사람보다 어느 하루에도 실업 상태일 확률이 훨씬 더 높다. 일주일간 실업 상태였던 사람들은 대부분 조사 당일에는 직장으로 돌아간다. 따라서 그들은 이 수에 포함되지 않는다. 그러나 몇 년 동안이나 실업 상태인 사람들은 그날도 거기 있어서 실업자 수에 들어간다. 이런 편향을 피하기 위해서는 오늘 실업 상태인 사람이 아니라 지난 10년 기간 중에 일정 기간 동안 실업 상태에 있었던 표본 집단이 필요하다. 이 표본 집단이 평균 실업 기간을 더 잘 대변한다.[32]

다음으로 넘어가기 전에 표본 편향이 어처구니없었던 경우를 하나 더 언급하지 않을 수 없다. 지난 몇 년 동안이나 서구 남자의 10퍼센트는 동성애자라는 말이 사실로 굳건히 받아들여졌다. 대다수가 출처도 모르면서 이 통계를 믿는데, 1948년에 발표된 킨제이의 《인간 남성의 성행위》에서 나온 것이었다. 하지만 킨제이의 조사에 이용된 표본의 25퍼센트는 감옥에 수감된 사람들이었다. 교도소 수감자는 미국 남성 집단의 단 1퍼센트에 해당할 뿐인데도 말이다(현재 그 비율은 2퍼센트다). 수감자들은 모두 남자인 환경에서 살고 있으므로 보통의 경우보다 동성애를 할 가능성이 더 높다.

그렇다고 남자의 10퍼센트 미만이 동성애자라는 말은 아니다. 킨제이의 보고서에는 경합을 벌이는 다른 영향력이 작용하고 있었다. 특히 금기시하는 활동에 관해서라면 사람들이 거짓말을 하기 쉬우므로 더욱 그렇다. 따라서 킨제이의 연구가 알려주는 모든 정보에도 불구하고 우리는 몇 퍼센트의 남자들이 동성애자인지 모른다. 사무실 창밖을 내다보면 나는 그 비율이 10퍼센트 이상이라고 생각하고 싶어진다. 내 사무실은 코벤트 가든에 있다.[33]

거식증과 크지만 작은 수들

영국의학협회BMA는 패션업계와 텔레비전에서 케이트 모스, (엘리 맥빌의 스타) 칼리스타 플록하트, 스파이스 걸스의 빅토리아 베컴과 같은 '비정상적으로 마른' 유명인에게 더 이상 관심을 집중하지 말아달라고 요청했다. 또한 정부가 이 질병을 감소시키겠다는 목표를 세울 것을 촉구했다. 젊은 여성의 2퍼센트가 거식증을 앓고 있고, 그 가운데 5분의 1이 목숨을 잃는다.

— 〈타임스〉, 2000년 5월 31일

영국의학협회는 건강에 대단히 나쁜 영향을 미친다는 이유로

---

32 이 예는 스티븐 E. 랜즈버그, 《런치타임 경제학(The Armchair Economist)》(New York, The Free Press, 1994)에서 얻었다. 이 표본이 평균 실업 기간에서 최근의 변화를 반영하지 않았기 때문에 나는 이 답이 옳은 답이라기보다는 더 나은 답이라고 말한다.

33 1994년 에드워드 라우만이 더 개선된 연구를 수행한 결과 지속적으로 동성애를 유지하는 남자의 비율은 4퍼센트인 것으로 밝혀졌다.

사람들에게 이런저런 것들을 그만두라고 끊임없이 요청한다. 통상적으로 이들이 저지르는 오류는 건강이 모든 사람의 관심사라고 생각하는 것이다. 내 경우를 예로 들면 나는 흡연이 건강에 나쁘다는 것은 알지만 그 습관을 버리지 않는다. 길고 신선한 삶보다는 짧고 연기로 가득한 삶을 더 선호하기 때문이다. 그뿐 아니라 영국의학협회는 이 경우에 홈그라운드여야 하는 문제에서 실수를 저질렀다. 즉, 의학적인 사실과 수에 오류가 있다. 거식증이 젊은 여성의 2퍼센트에 영향을 미치고, 그 가운데 5분의 1을 죽음으로 몰아간다는 생각은 어처구니없다.

15세에서 25세 사이의 영국 여성은 350만 명이다. 그 가운데 2퍼센트가 거식증으로 고통 받는다면 그 수는 7만 명에 이른다. 그리고 그 가운데 5분의 1이 목숨을 잃는다면 우리는 1만 4000명의 젊은 여성들이 매해 거식증으로 숨진다고 예상해야 한다.[34] 하지만 1999년 이 연령의 여성 가운데 거식증으로 인한 사망을 포함한 전체 사망자 수는 855명이었다. 뭔가 잘못되었다는 의심이 들지 않는가? 거식증이 실제 사망자보다 16배나 더 많은 젊은 여성을 죽

---

34 질병 사망률은 보통 연간으로 표현된다. 즉, 한 해 동안 그 질병으로 고통받다가 목숨을 잃은 사람의 비율을 나타낸다. 만일 이 예의 사망률 20퍼센트가 연간 사망률이 아니고 더 긴 기간의 비율이라면, 한 해에 거식증으로 사망한 사람 수는 더 적어질 테지만 의학협회가 주장한 통계의 엄청난 오류를 상쇄할 만큼 작지는 않다. 예를 들어 만일 10년 기간 동안 사망률이 20퍼센트라면 매해 15세에서 35세 여성들 사이의 사망자 수는 2800명이 된다. 즉, $140,000 \times 20\%/10$이 되어야 한다. 14만 명은 10년 기간 동안 15세에서 25세 사이 여자 수의 2퍼센트다.

일 수 있을까?

어찌된 일인지 허둥대지 않아도 된다. 사망 원인은 기록되고, 영국 국가 통계청에서 그 수치도 알아볼 수 있다. 거식증으로 목숨을 잃은 젊은 여성 수도 여기서 확인할 수 있다. 어떤 질병도 실제로 죽은 사람보다 더 많이 죽게 할 수는 없으므로 영국의학협회의 수치는 잘못되었음이 틀림없다. 무엇이 잘못되었을까?

1만 4000이라는 수는 실제보다 천 배나 더 크다. 1999년에 거식증으로 죽은 젊은 여자의 수는 13명이었다. 1만 3000이 아니라 13이었다.

만일 내가 칼리스타 플록하트였다면 영국의학협회와 〈타임스〉를 고소했을 것이다. 플록하트를 보면 거식증으로 죽게 된다는 허위 주장을 해서 대중매체가 이 배우에게 보이는 관심을 거둘 것을 요구했다. 그녀의 경력을 망치려고 한 것이다. 수백만의 젊은 영국 여자가 칼리스타 플록하트를 지켜보았고 기껏해야 매년 13명이 죽었다. 이는 길을 건너는 일보다 플록하트가 더 안전하다는 의미다.

물론 나는 칼리스타 플록하트가 아니므로 영국의학협회와 〈타임스〉를 고소하지 않았다. 대신 이런 오류를 지적하는 편지를 〈타임스〉 편집자에게 보냈다. 그러나 내 편지는 물론 오류에 대한 정정기사도 실리지 않아서 나는 어떻게 그런 어처구니없는 수가 발표하게 되었는지에 대해 아무런 해명도 듣지 못했다. 그래서 나는 일이 어디서 잘못되었는지 짐작만 할 뿐이다.

나는 그 기사를 쓴 헬렌 럼벨로우가 저널리스트 가운데 25퍼센트가 걸리고, 그중 5분의 1이 헛소리를 하게 만드는 어떤 질병으로 고통받는 건 아닌지 의심스럽다.[35] 이런 기자들은 척도에 대한 감각이 없다. 이 병에 걸리면 수가 매우 적어지거나 너무 커지면 말이 되는 소린지 아닌지를 결정할 감각을 잃고 만다.

우리 모두가 낯선 주제를 보면 얼른 판단이 서지 않는다. 우주선 한 대가 500억 달러라면 적당한 가격인가 아니면 지나친 가격인가? 대부분이 감을 잡기 어렵다. 1초의 0.01초의 시간이면 우리 뇌에서 전기신호가 시냅스로 전달되는 데 충분할까? 마찬가지로 당신이 신경학자가 아닌 이상 이 문제를 모를 수밖에 없다. 젊은 여성들 사이의 거식증은 어떨까? 글쎄, 2퍼센트면 크게 많은 수는 아니다. 그 가운데 오직 5분의 1만 죽는다면 단 0.4퍼센트에 지나지 않으므로 매우 적은 수다. 그럴듯하게 들린다. 안 그런가?

보통 0.4퍼센트는 상당히 적은 수다. 그러나 젊은 여성이 사망하는 일은 거의 없기 때문에 그런 점에서는 엄청난 수치다. 젊은 남자가 죽는 일은 여성보다 좀더 많다. 그러나 죽음은 거의 전적으로

---

35 영국의학협회는 통계에는 별 능력이 없는 것 같고, 나 역시 마찬가지다.

나이든 사람들의 것이다. 영국의학협회와 〈타임스〉 의학기자라면 이 정도는 알 것이라고 기대할 수 있고 아마도 일반적으로는 모르지 않을 것이다. 다만 0.4퍼센트라는 적은 수에 경고음이 울리지 않았다.

작은 수가 보기보다 더 클 수 있듯이 큰 수가 실은 작을 수도 있다. 바클레이스 은행의 이윤 발표는 해마다 신문 사설을 분노하게 한다. "이윤, 30억 파운드! 그래도 은행은 여전히 지점을 닫고 직원을 해고한다. 탐욕스러운 놈들!" 이는 바클레이스 은행이 수천 명의 주주를 가진 대규모 사업체라는 사실을 간과한 소치다. 30억 파운드를 독식하는 놈은 없다. 2002년 30억 파운드라는 이윤은 이 사업에 투자한 주주들이 단지 15퍼센트의 보상을 받았다는 의미였다. 이렇게 어려운 시기에 그 정도면 적당한 수익이지 중상모략할 액수는 아니다.

허리케인으로 입은 재해를 보수하는 데 들어간 비용이나 유로에 가입한 데 따른 경제적인 가치 등 놀라운 사실을 들을 때도 같은 일이 일어난다. 많은 사람들에게 해당하는 비용이나 이득이 합해져 충격적일만치 큰 수가 된다. 허리케인 피해 복구비가 1억 5000만 달러라면 억 소리가 나올지도 모르겠지만, 이는 1000만 플로리다 납세자들이 한 사람당 15달러만 내면 되는 액수다. 재무부가 최근 발표한 보고서에 따르면 유로에 가입하면 영국의 국민총

생산GNP을 1년에 300만 달러 올릴 수 있다. 영국 경제에 참여하는 인구수가 6000만 명이므로 한 사람이 1년에 얻는 이득은 단 50파운드, 아니 1주일에 1파운드다.[36]

　모든 사람들이 놀라운 통계로 충격받는 일을 즐긴다. 다만 통계가 믿을 수 있어야 한다. 통계가 허위임을 발견하는 순간 재미는 달아나버린다. 내가 영국 여자들이 스페인에서 즐겼다는 난교를 들었던 순간 느꼈던 놀라움은 뒤에 나오는 조잡한 표본을 선정했음을 알자마자 사라지고 말았다. 만일 내가 표본 편향을 알아채지 못했더라면 더 오랫동안 사실이라고 주장된 이야기를 즐겼을 것이다. 이른바 무지는 축복이다. 한편으로 나는 스페인 항공료를 낭비하지 않았다는 사실로 자신을 위로한다. 무지 또한 비싼 값을 치르게 만들 수도 있다.

　이것이 통계를 제시한 주장이 거짓인지 아닌지 꿰뚫어보는 법을 배워서 얻는 진정한 가치다. 허위 주장에 속아 믿기 어려운 섹스를 위해 스페인으로 날아간다든지, 이득도 없이 상품 가격을 내린다든지 아니면 바보 같은 정책을 지지하는 실수를 저지르지 않아도 된다.

---

36 2003년 6월 10일자 〈타임스〉 아나톨 칼레스키의 사설에서 가져왔다.

**12
장**

점점 더 퍼지는
마음의 병

—

도덕병

어렸을 적에 나는 부모님께 학교 친구나 이웃 아이가 알고 보니 몹시 못됐더라는 말을 곧잘 하곤 했다. 그 친구의 불쾌하기 짝이 없는 성격을 열거하면서 부모님 입에서 맞장구치는 소리가 나오기를 기다렸다. 하지만 부모님은 절대로 내가 원하는 말을 하지 않았다. 대신에 언제나 그 괴상한 꼬마(나 말고 다른 아이)가 어쩌다 그렇게 되었는지에 관한 가설을 내놓았다. 부모가 이혼해서 불안정하다거나 아버지가 심하게 때린다거나 하는 이야기였다.

나는 못마땅했다. "그럴지도 모르지만, 못된 애가 될 수밖에 없었던 이유를 설명하는 것이 그 아이가 나쁘지 않다는 뜻은 아니잖아요. 반대로 그 애가 정말로 못됐다는 가정이죠. 그렇다면 왜 나에게 반대하는 것처럼 말하는 거죠? 사실은 그 아이가 나쁘다는 이야기인데도요?" 이런 식의 불평이었다.

무언가가 왜 진실인지 설명함으로써 어떤 주장에 반박했다고 생각하는 것은 기이하다. 어떻게 이런 생각의 혼돈을 일으킬 수 있을까?

도덕병morality fever이 이런 증상을 일으킨다. 부모님은 내가 문제의 아이를 도덕적으로 비난한다고 가정했다. 부모님의 말뜻은 "그 애의 잘못이 아니야"였다. 하지만 나는 그 친구를 도덕적으로 비난하지 않았다. 내가 사막이 불쾌하게 건조하다고 말한다고 해서 사막을 도덕적으로 비난하는 것은 아니다. 이것과 다를 바 없는 이야기다. 사막도 어쩔 수 없다. 누가 불평하거나 말거나 사막은 건조하고 나 역시 그 사실에 개의치 않는다.

내가 부모님께 스위스에 산맥이 있다고 말했다면 부모님은 그 산맥이 어떻게 형성되었는지를 설명해 내 말을 고치려고 들지는 않았을 것이다. 오로지 도덕성 걱정으로 정신이 흐려진 사람만이 설명을 반박으로 착각한다.

도덕병에 시달리는 사람이 우리 부모님만인 것은 아니다. 이 병은 흔한 마음의 병이고, 점점 더 퍼지고 있다고 생각한다. 뇌가 과열되는 시점까지 도덕적 온도를 올리는 의견과 화제가 더욱더 많아지고 있다.

이 마지막 장에서는 도덕병이 생길 때 흔히 보이는 정신적인 기능 부전 세 가지를 더 다룰 것이다. 도덕적 중요성이 큰 문제일 때는 어떤 경우보다도 적절한 추론이 필요하므로 이런 증상에 기민하게 주의를 기울여야 한다. 이 점은 마지막 항목에서 논의할 것이다. 모든 자기계발서가 고백으로 시작해야 하듯이 대미는 설교로 장식해야 할 테니 말이다.

사악한 것은 잘못이다

1985년, 뉴질랜드에서 동성애 합법화에 관한 공개 토론회가 한창일 때 엉터리면서도 대중적 지지를 받았던 논증은 동성애가 자연스럽지 않으므로 불법이라는 것이었다. 자연스럽지 않는 말이 어떤 의미이든 이 논증은 '부자연스러움'이 불법이라는 어이없는 생각으로 이어지기 때문에 괴상하다. 미니어처 골프도 자연스럽지 못한 활동이지만 그 이유만으로 이 경기를 범죄화한다면 어처구니없는 일일 것이다. 남자아이가 80대 할머니에게 입맞추는 일, 양말에 샌들을 신는 일, 심장 개복수술도 모두 이상하기는 마찬가지다.

그러나 동성애 합법화 주장자들 가운데 이 점을 지적하는 사람은 거의 없었다. 대신에 동성애가 자연스럽다고 항변했다. 이런 반박은 부자연스러움이 불법이라는 생각을 암묵적으로 받아들이므로 전술상 자멸이 아닐 수 없다. 이것은 그 이후에도 자주 목격했던, '사실' 그 자체보다는 사실이라고 주장하고 싶어 하는 강한 편견의 예다. 이는 논쟁에서 비이성적인 사람을 이롭게 해주기 때문에 지각없는 편견이다. 그들은 진실인 전제에서 타당하지 않게 원하는 결론만을 끌어내어 이런 편견에 반대하는 사람을 곤란한 입장에 놓이게 만든다.

그럼에도 이런 일은 늘 일어난다. 합법화를 주장하는 사람들 대부분은 동성애에 유전적인 근거가 있으므로 자연적이라고 주장한다. 1985년, 이 문제가 논란이었을 때 관련된 과학은 논쟁에 참여한 대다수의 이해를 넘어서는 것이었다. 따라서 동성애가 자연스럽다고 입증하는 훨씬 간단한 접근법이 있는 일부의 주장은 다행한 일이었다. 동성애가 불법이기를 바라는 사람들이 동성애는 자연스럽지 않다고 주장했으므로 동성애가 불법이라는 의견은 명백하게 틀렸다는 주장이었다.

이렇게 생각하는 사람들은 합법화를 반대하는 주장의 구조를 그대로 가져와 논의 방향만 거꾸로 했다. 즉 만일 동성애가 자연스럽지 않다면 불법이라는 점에 동의한 것이다. 그러나 동성애는 불법이 되어서는 안 되었고, 따라서 동성애는 자연스러운 일이어야 했다.

이런 접근 방식은 도덕적 확신만 있으면 엄밀한 과학적 연구를 거치지 않고도 세상에 관한 온갖 종류의 흥미로운 사실을 발견하도록 해준다. 세상이 어떻다는 사실(예컨대 동성애는 자연스럽다)과 세상이 어떠해야 한다는 사실(예컨대 동성애는 합법적이 되어야 한다) 사이의 연관성을 내세우는 주장을 받아들임으로써 후자에 대해 확신하는 사람들은 즉각적으로 세상만사에 대한 식견을 얻는다. 동성애에 관한 유전적인 근거를 발견하기 위해 연구실에서 씨름하고 있는 가여운 바보들도 오로지 명징한 도덕적 시각을 가지기만 했다면 편히 쉴 수 있었을 것이다.

이런 불합리함에도 불구하고 주제가 민감한 사안일 때 이 '도덕적 방법'은 흔히 쓰인다. 여러 인종 간의 총체적 지능지수의 차이에 관한 논쟁이 가장 명백한 예다. 과학자들은 평균적으로 아시아인의 지능지수가 백인보다 더 높고, 흑인보다는 백인이 더 높다는 결과를 발표했다.[37] 이 시각을 거부하는 이들은 연구 방법이나 결과를 끌어낸 데이터에 대해 논의하지도 않고 무조건 부정한다. 인종차별주의자가 좋아할 만한 결과는 거부하는 데에 충분한 근거

---

37 가장 최근 불거진 지능지수 논란은 R. J. 헌스타인과 C. 머레이의 《종곡선-미국 사회의 지능과 계층구조 (The Bell Curve: Intelligence and Class Structure in American Life)》, (New York, Free Press, 1994)가 일으킨 것이다. 스티븐 제이 굴드의 《인간에 대한 오해(The Mismeasure of Man)》, (London, Penguin, 1981, Revised in 1996) 역시 《종곡선》의 유전적인 결정론에 반대한다.

가 된다.

　이런 추론에는 명백하게 오류가 있다. 어떻게 인종차별주의자가 좋아한다고 해서 그 주장이 거짓임이 입증되는가? 이 주제를 다루는 문헌 대부분이 이 주장이 인종차별주의자와 인종차별주의적인 동기에 의해 나왔음을 지적하기 위해 애를 쓴다. 그러나 이런 지적이 어떻게 그 자체로 백인의 평균 지능지수가 아시아인보다 실제로 낮지 않다는 것을 보여줄 수 있는가?

　논리적 오류가 있다는 점 외에도 이런 추론은 악의적인 동기에서 나온 것이다. 문제되고 있는 의견이 사실상 오류일 수도 있지만, 왜 인종차별주의 반대자가 특히 이 점에 주목해야 할까? 반대자 역시 분명히 인종차별주의자의 추론을 받아들이고 있다. 지능지수 차이가 지능지수가 더 낮은 인종 구성원을 어떤 수단을 강구해 강탈하든지 합리화해줄 것이라는 논리 말이다. 지능 차이가 현실이 될 수 있으므로 이런 가정을 받아들이는 것은 위험하다.

　불쾌한 결론을 끌어내는 다른 사람의 의견은 듣기조차 싫어하는 사람들은 그 주장의 함의에 암묵적으로 동의하는 것과 마찬가지다. 만일 그 의견이 진실로 드러나면 이 훌륭한 현실 도피자는 이제 어떻게 방어할 것인가?

유익한 것은 옳다

신의 존재에 관한 논쟁에서 흔히 고난의 시간에는 신앙이 위안의 원천이라고 말한다. 타당하지 않은 이야기다. 신에 대한 믿음은 설사 신이 존재하지 않더라도 위안을 줄 것이다.

설령 거짓이라도 믿는다면 유익함이 있다고 해서 그것이 진실이라는 근거는 되지 못한다. 자기 외모가 평균 이상이라고 믿는 사람은 이로써 자신감을 얻을 것이다. 그러나 그렇게 믿는 사람은 전체 집단의 90퍼센트나 되므로 이런 믿음이 그 사람들 모두의 생각을 옳게 만들어주지는 않는다. 전쟁에서도 자신이 수호천사의 보호를 받는다고 믿는 군인이 더 용감하게 전투에 임한다. 그러나 이 믿음이 수호천사가 실제로 존재한다는 근거는 아니다.

오류의 핵심이 명백히 드러나므로 당신은 종교와 관련되지 않은 문제에서는 이런 오류가 극히 드물다고 예상할지 모른다. 그렇지 않다. 영국 정부의 가처분소득을 이용한 빈곤 측정치가 옳다고 주장하는 피터 켄웨이 새정책연구소New Policy Institute 소장의 믿기 힘든 말이 그 예다(217~221쪽 참조).

이것은 간단하면서도 신뢰성이 높은 통계로 빈곤 문제가 정치적인 어젠다로 추친되도록 만드는 데 큰 역할을 했다.[38]

켄웨이 박사는 왜 이 통계가 빈곤을 정치적인 어젠다에서 상위가 되도록 밀어주었다는 사실을 언급했을까? 측정치의 정확성에 대한 논쟁에서 이것이 어떻게 타당한가? 이 통계는 정확해서가 아니라 수치가 높기 때문에 빈곤을 정치적인 어젠다 상위에 올려놓았다. 더 정확하더라도 수치가 낮았다면 추진력이 없었을 것이다. 켄웨이 박사는 위안을 얻은 기독교인과 같은 실수를 저지른 것일까?

만일 그가 이런 결과가 통계가 옳음을 입증하지 않는다는 사실을 받아들인다면, 빈곤을 정치적인 어젠다의 상위로 놓은 것은 부정확한 통계를 권고한 것이라고 봐야 한다. 정말로 이상한 생각이다. 만일 빈곤이 통계가 나타내듯 사실은 큰 문제가 아니라면 정치적인 어젠다에서 상위가 되어서는 안 되었다. 적절한 정책 우선권은 사실을 근거로 해야 한다. 일의 우선순위를 만들어 놓고 그 다음 이에 맞게 견해를 수정해야 한다는 생각은 어처구니없다.

클레어 쇼트 전 영국 국제개발부 장관은 이라크의 군사적 위협에 관한 총리의 주장을 '명예로운 기만'이라고 묘사하면서, 총리가 바로 그 일을 한다고 비난했다. 총리는 이라크 침공 정책을 시작해놓고, 그 다음 이 정책에 맞추어 그의 (그리고 우리의) 사실에

---

38 〈가디언〉, 2002년 4월 19일.

대한 견해를 수정했다. 쇼트 전 장관의 말이 옳은지 누가 알겠는 가. 그러나 만일 쇼트 장관이 옳다면 '명예로운'은 이런 행위에 대한 특이한 묘사다. '열병에 걸린'이란 표현이 더 나았을 것이다.

우리 모두 가끔씩은 좋아하는 의견을 변호할 때 이런 속임수를 쓴다. 그러나 설사 우리의 입장이 정의의 편이더라도 그래서는 안 된다는 사실도 알고 있다. 정의의 편에 선 우리의 주장을 옹호하기 위해 사실을 잘못 대변하는 실수를 하게 된다면 그것은 결국 옳은 일이 아니다. 정의가 진리 위에 있지는 않다.

온유한 자는
진리가 있나니

———

1985년, 뉴질랜드 럭비연맹은 올블랙스뉴질랜드 럭비 국가대표팀-옮긴이의 남아프리카공화국 방문 계획을 세웠다. 이 계획에 뉴질랜드의 반反아파르트헤이트 조직이 강하게 반대하고 나섰다. 남아프리카공화국의 방문을 저지하려는 운동을 펼치기 위해 인종차별주의자방문중단운동HART의 지도자 존 민토가 오클랜드대학에서 연설했다.

연설이 끝나자 한 학생이 계획을 진행하려는 럭비연맹을 단념

시키기 위해 권고되었던 보다 강력한 조치들을 문제 삼았다. 논의의 주제는 럭비 선수들의 시민 자유권이었지만 세부사항은 중요치 않았다. 이 논쟁에서 흥미로운 점은 인내심을 잃은 민토 씨가 결정타로 날린 주장이었다. 남아프리카공화국의 굶주리는 흑인은 이 방문을 원치 않는다는 것이었다. 그는 백인과 중산층 교외거주자가 아니라 흑인의 목소리에 귀를 기울였다.

그러자 백인 중산층 교외거주자 학생이 남아프리카공화국 흑인의 가난은 논의의 정치철학적인 측면에서 그의 주장을 타당하게 해주지 않는다고 답변했다. 이 말에 터져 나온 야유와 조소의 불협화음이 민토에게 유리하게 돌아가던 논쟁에 종지부를 찍었다.

그러나 그 학생이 옳았다. 아파르트헤이트가 아무리 부당하다고 해도 그 사실이 희생자에게 오류 없는 진리의 힘을 부여하지는 않는다. 어떤 사람이 부당한 대우를 받는 것을 보고 도덕적인 분노를 느꼈다고 해서 당신이 그의 모든 말에 동의할 의무는 없다. 민토는 도덕병을 앓고 있었다.

그만이 특이하게 이런 증상을 보이는 것은 아니다. 문화인류학, 사회학, 문학비평 같은 인문학 학계에서는 서구 제국주의로부터 핍박받는 이들의 의견에는 비평을 면제해준다는 것이 거의 정설이다. 그 사회의 전통적인 믿음이 거짓이라고 해보아라. 그러면 당신은 곧 지적 또는 문화적 제국주의라고 비난당할 것이다.

다른 문화의 사상을 비난하는 것이 일종의 제국주의인지 아닌지는 이 책의 영역을 넘어서는 문제다. 여기서 중요한 점은 단지 비난에 대한 면제가 이를 주장하는 사람들의 말처럼 근거를 가지지 않다는 사실이다. 그 근거란 바로 진리는 문화적으로 상대적이라는 주장이다.

인문학에서 보편적인 진리에 관한 문화적 상대주의는 한 문화에서 널리 퍼진 어떤 믿음이 그 속에서 당연히 진리라는 견해다. 이란 사람들은 일반적으로 신이 하나라고 합의했다. 따라서 이란에서 유일신은 진리다. 파푸아뉴기니 사람들은 다신을 믿는 경향이 있으므로 신도 여럿이다. 모든 문화가 자신들만의 진리를 만들 권리가 있다. 이 합의에 동의하지 않는 것은 문화적 상대주의라는 진리의 정의에 따르면 틀림없이 그른 일이다.

문화적 상대주의는 어처구니가 없어서 이를 주장하느라 어떻게 그리 열정적일 수 있는지 믿기 어려울 정도다. 만일 문화적 상대주의가 진리라면 신, 행성, 세균과 다른 모든 것이 사람들이 보편적으로 존재한다고 믿으면 존재하고, 존재하지 않는다고 믿으면 소멸해야 한다. 이는 명백히 사실이 아니다. 또한 문화적 상대주의에 따르면 '신은 하나밖에 없다'와 '신은 하나 이상이다' 같은 모순적인 진술도 모두 진리다. 문화마다 다른 믿음이 서로 충돌하는 일이 흔하기 때문이다. 그러나 모순되는 진술이 다 진리이기는 불가

능하다. '이란에서는' '파푸아뉴기니에서는' '19세기 프랑스에서
는'이란 말과 상대주의자들이 진실이라고 주장할 때마다 붙는 비
슷한 꼬리말에 속지 말라. 이란 사람은 이란에서만이 아니라 세상
모든 곳에서 신이 하나라고 믿는다. 이런 믿음이 파푸아뉴기니에
서는 거짓이고 이란에서는 진리일 수는 없다. 어떤 곳에서 거짓인
믿음은 어디서든 거짓이다.

　많은 사람들이 아프리카를 식민지로 만든 일이나 여성의 투표
권을 부정한 일 등 자기가 저지르지도 않은 잘못에 따르는 죄의식
을 즐긴다. 심지어 나는 동정으로 보이는 대학생들이 "저는 강간
범입니다"라고 쓴 플래카드를 들고 행진하는 모습을 본 적도 있
다. 그런 무고한 즐거움을 즐기겠다는 이들을 누가 막겠는가? 그
러나 쾌락처럼 가짜 죄의식도 책임감 있게 즐겨야 한다. 죄책감에
너무 빠진 나머지 열병에 걸려 당신의 희생자가 자신은 항상 옳다
고 믿게 만들면 곤란하다.

진지하라

───

　　　　　이 책에서 논의한 오류들에는 믿을 만한 출처
가 있다. 의회, 라디오 토론프로그램, 신문 사설 등이 이런 오류를

알아보는 능력을 연마하는 데 필요한 모든 자료를 제공해줄 것이다. 시간이 없어서 이 모든 오류가 뒤범벅되어 한 번에 볼 수 있는 자료를 찾는다면 BBC에 편지를 써서 라디오 4의 패널 토론프로그램〈도덕의 미궁〉녹음본을 보내달라고 요청하라.

이 프로그램에 참여하는 패널들은 지적이고 교양 있는 사람들로, 주로 학계와 종교계 전문가, 정치가다. 합리적인 사고 역량도 상당히 훌륭하다. 패널들 앞에 진지한 도덕적 주제 몇 가지를 던져주면 곧 이 열병의 모든 징후를 드러낼 것이다. 인내심을 가지고 이들의 말에 귀기울여보면, 설득력 있는 논쟁을 하고 있다기보다는 자신의 우려와 진지함을 드러내는 데에 더 관심이 있다는 것이 명백해진다. 이들은 진정으로 염려한다면 비이성적이어도 된다고 생각하는 것 같다. 패널들이 추구하는 반응은 "당신이 그의 진지함에 왈가불가할 수 없다"다. 이런 반응을 추구하는 데에서 많은 청취자 역시 별반 다르지 않다.

도덕적인 진지함에는 이견을 달 수 없다는 생각은 보편적인만큼이나 유해하다. 이런 생각은 비이성적인 것을 허용하며 도덕적으로도 진지하지 못하다. 만일 당신이 진정으로 관심을 가진 문제를 논의한다면 그 어느 때보다 진실이라고 믿을 수 있어야 한다. 또한 이성은 당신의 믿음이 진리가 될 가장 큰 기회를 주는 사고방식이다. 오직 당신의 관심만을 근거로 이성을 배제해도 된다고 생각한다면 얼토당토않다. 도덕적인 온도가 올라가면 진실에 대한 우리의 헌신도 커져야 하고, 적절한 추론도 같이 이루어져야 한다.

진지함이 이성을 대신할 수 있으리라는 생각은 믿음에 대한 자아중심적 태도에 근거한다. 내가 믿는 것은 모두 나에 관한 것이지 현실에 관한 것이 아니라는 사고다. 중요한 것은 내가 좋아하는 의견이 최상의 결과나 의도한 효과를 낸다거나 혹은 내가 걱정하는 문제가 사실이라거나 심각해서가 아니라, 내가 올바른 판단을 내리고 타당한 감성에서 입장을 취했느냐.

이와 유사한 진실에 대한 자아중심적인 경시는 이 책 앞 장들에서 논의한 더욱 명백한 많은 오류들에도 들어 있다. 사람들이 어떤 견해를 가지는 이유는 여러 가지다. 의견이 같은 사람들과 관계를 유지하기 원해서, 존중할 만한 의견이기 때문에, 과거에 어떤 의견을 공개적으로 표시했는데 이제 와서 방향을 돌리면 곤란해서 아니면 의견이 진실이라면 세상이 더 나아질 것이라고 생각해서 등이다.

아마도 가족이나 친구와 더 잘 지내려고, 당황스러운 일을 겪지 않으려고 아니면 진실을 믿기보다는 환상을 가지고 있어야 더 편해서이기도 할 것이다. 그러나 이런 식으로 문제에 접근하는 사람들은 지적으로 진지한 태도를 가졌다는 위선을 포기해야 한다. 이들은 현실에 진정으로 관심을 가지고 있는 것이 아니다.

또한 다른 사람의 복지를 진정으로 염려하지도 않는다. 설사 현실이 달랐더라면 하고 바라는 경우에도 우리 모두는 지금 이 현실에 살기 때문이다. 당신이 염려하는 사람들에게 최선이 무엇인지 알려면 그들이 사는 세계를 이해해야 한다. 예를 들어 실제로 천국이 존재하지 않는다면, 종교가들이 천국에 가기 위해 해야 한다고 주장하는 금욕적인 생활이 자녀에게 가장 좋은 것은 아니다. 만일 진정으로 아이들을 염려한다면 천국의 존재에 관해서도 진지해져야 한다. 종교에서 진실이라면 물리학, 생물학, 경제학, 심리학, 의학 그리고 우리가 의견을 가진 모든 다른 분야에서도 더 명백하게 진실이어야 한다.

도덕적인 진지함에서 지적인 진지함을 분리하는 일은 지적으로 경박한 사람들이 생각하는 것보다 어렵다.

나쁜 생각

: 논리적이며 비판적인 사고를 위한 안내서

1판 1쇄 | 2010년 12월 13일 펴냄

지은이 | 제이미 화이트
옮긴이 | 유자화

기획편집 | 김윤곤
교정 | 김수양
디자인 | 조세준
마케팅 | 정복순
관리 | 안상희

펴낸이 | 박영철
펴낸곳 | 오늘의책
출판등록 | 제10-1293호(1996년 5월 25일)
주소 | 121-839 서울시 마포구 서교동 377-26번지 1층
전화 | 02-322-4595~6
팩스 | 02-322-4597
이메일 | tobooks@naver.com

ISBN 978-89-7718-320-9 03100

· 책값은 뒤표지에 있습니다.
· 잘못 만들어진 책은 구입하신 서점에서 바꿔드립니다.